CAHIER DU JOUR
CAHIER DU SOIR

Maths CM2

Ce cahier appartient à :

Cahier conçu par un enseignant

Avant-propos

Ce cahier de Maths destiné aux élèves du CM2 reprend toutes les notions du programme dans les domaines des **nombres et calcul**, de la **géométrie**, des **grandeurs et mesures**, ainsi que de l'**organisation** et de la **gestion des données**.

- **Chaque page se présente de la manière suivante :**

→ **La rubrique « Je découvre et je retiens »**
– les questions, les exemples qui servent de matériau à la réflexion (Je découvre) ;
– les règles qui permettent de mémoriser ce qu'il faut savoir ou savoir faire (« Je retiens »).

→ **La rubrique « Je m'entraîne »**
À chacune des notions développées précédemment correspond un exercice d'application.
À la notion 1 correspond l'exercice 1, à la notion 2 l'exercice 2, etc. Lorsque le dernier exercice porte sur toutes les notions (exercice de synthèse), son numéro est supérieur à celui de la notion abordée.

- Une fois les exercices terminés, vous vous reporterez aux **Corrigés** afin de vérifier avec votre enfant si les exercices sont exacts ou, dans le cas contraire, de déterminer la cause de l'erreur.

- À la fin de chaque page, l'enfant est invité à **s'auto-évaluer**.

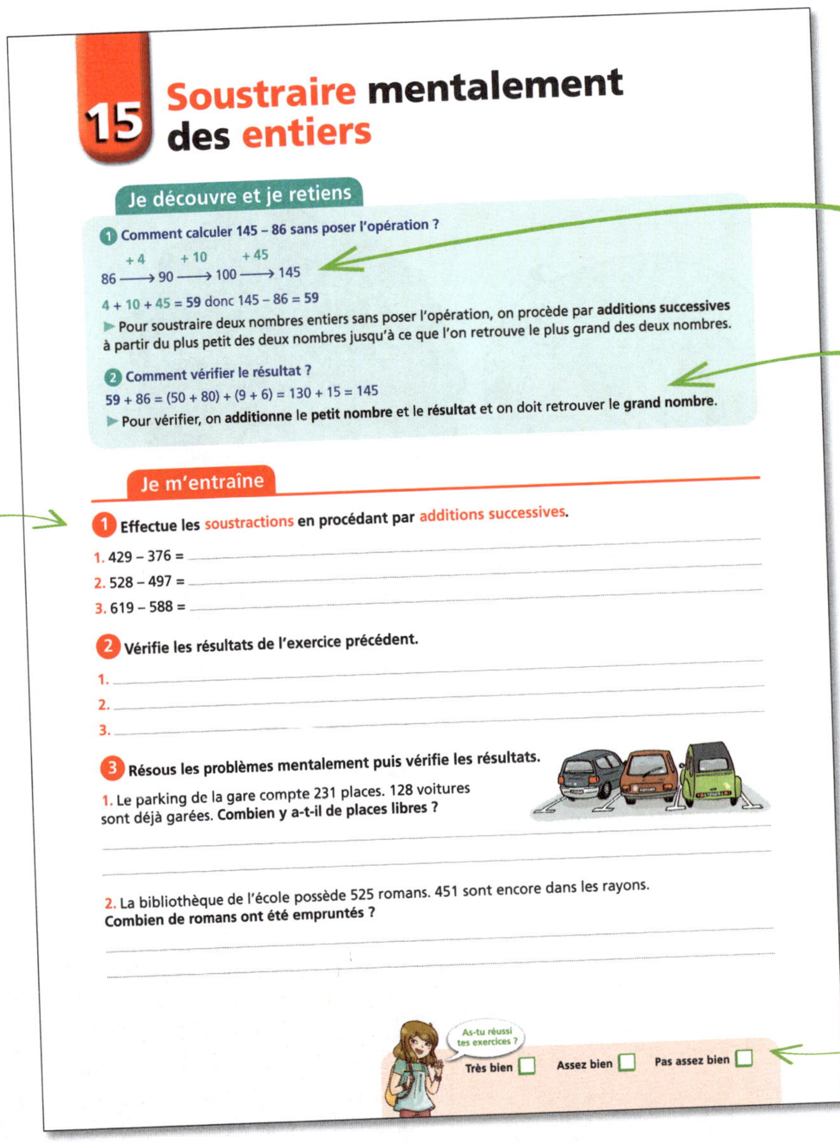
15 Soustraire mentalement des entiers

Je découvre et je retiens

1 Comment calculer 145 – 86 sans poser l'opération ?

86 —(+4)→ 90 —(+10)→ 100 —(+45)→ 145

4 + 10 + 45 = 59 donc 145 – 86 = 59

▶ Pour soustraire deux nombres entiers sans poser l'opération, on procède par **additions successives** à partir du plus petit des deux nombres jusqu'à ce que l'on retrouve le plus grand des deux nombres.

2 Comment vérifier le résultat ?

59 + 86 = (50 + 80) + (9 + 6) = 130 + 15 = 145

▶ Pour vérifier, on **additionne** le **petit nombre** et le **résultat** et on doit retrouver le **grand nombre**.

Je m'entraîne

1 Effectue les soustractions en procédant par additions successives.

1. 429 – 376 =
2. 528 – 497 =
3. 619 – 588 =

2 Vérifie les résultats de l'exercice précédent.

1.
2.
3.

3 Résous les problèmes mentalement puis vérifie les résultats.

1. Le parking de la gare compte 231 places. 128 voitures sont déjà garées. Combien y a-t-il de places libres ?

2. La bibliothèque de l'école possède 525 romans. 451 sont encore dans les rayons. Combien de romans ont été empruntés ?

As-tu réussi tes exercices ? Très bien ☐ Assez bien ☐ Pas assez bien ☐

Sommaire

Corrigés détachables au centre du cahier

1 Les nombres entiers jusqu'aux milliards

Je découvre et je retiens

1 Comment écrire dans un tableau de numération le nombre 4497070000 ?

► On écrit trois chiffres par classe, en commençant par la droite.

Classe des milliards			Classe des millions			Classe des mille (ou milliers)			Classe des unités simples		
c	d	u	c	d	u	c	d	u	c	d	u
		4	4	9	7	0	7	0	0	0	0

2 Comment écrire ce nombre en chiffres ?

Ce nombre s'écrit : 4 497 070 000.

► Pour **écrire** un nombre, il faut laisser un espace entre chaque classe.

3 Comment lire ce nombre ?

Ce nombre se lit : **4 milliards 497 millions 70 mille**.

► Pour **lire** un nombre, on lit successivement les groupes de chiffres de chaque classe.

Je m'entraîne

1 Place chacun des nombres dans le tableau.

1. Quatre-vingt-onze milliards sept cent huit millions trois mille cinquante
2. Vingt-huit milliards cent quatre-vingt-dix mille deux
3. Cent un milliards deux millions trente-huit mille onze

Classe des milliards			Classe des millions			Classe des mille			Classe des unités simples		
c	d	u	c	d	u	c	d	u	c	d	u

2 Écris en chiffres les trois nombres de l'exercice ci-dessus.

1. ______________ 2. ______________ 3. ______________

3 Lis ces mêmes nombres et écris dans les cadres les mots : *milliards* – *millions* – *mille* – *unités*.

1. 91 [______] 708 [______] 3 [______] 50 [______]

2. 28 [______] 190 [______] 2 [______]

3. 101 [______] 2 [______] 38 [______] 11 [______]

Très bien ☐ Assez bien ☐ Pas assez bien ☐

2 Comparer, ranger des nombres

Je découvre et je retiens

1 De ces trois nombres, 2 635 562 024, 5 914 650 000 et 2 877 380 000, quel est le plus grand ?

Comme 5 > 2 → 5 914 650 000 > 2 877 380 000. Comme 877 > 635 → 2 877 380 000 > 2 635 562 024.
Le plus **grand** nombre est 5 914 650 000.

► Pour **comparer** deux nombres, on compare les milliards ; s'ils sont égaux, on compare les millions, puis les milliers et ainsi de suite.

2 Comment ranger les nombres ci-dessus du plus petit au plus grand ?

2 635 562 024 < 2 877 380 000 < 5 914 650 000

► Dans l'ordre **croissant**, on écrit les nombres du plus petit au plus grand.
Dans l'ordre **décroissant**, on les écrit du plus grand au plus petit.

Je m'entraîne

1 Complète avec < ou >.

1.	21 654 358 .... 254 680 350		2.	125 000 000 654 .... 125 000 654	
3.	906 600 000 .... 10 464 000		4.	26 351 681 610 .... 26 351 681	
5.	608 431 524 .... 900 000 000		6.	406 591 004 654 .... 407 591 000 354	
7.	35 562 371 .... 34 600 371		8.	96 231 050 348 .... 94 345 000 600	
9.	12 428 000 .... 12 429 500		10.	65 200 671 000 .... 65 200 345 000	
11.	23 561 000 357 .... 23 561 090 375		12.	32 564 200 374 .... 32 564 200 473	

2a Range les nombres suivants dans l'ordre croissant.

62 581 006 325 – 91 658 529 – 91 658 264 200 – 62 265 301 500 – 62 581 000 000

....

....

2b Range les nombres suivants dans l'ordre décroissant.

78 429 545 – 78 099 000 999 – 78 429 000 – 78 458 000 – 79 000 000 – 78 099 999 – 78 429 000 545 – 76 235 104 000

....

....

Très bien ☐ Assez bien ☐ Pas assez bien ☐

3 Encadrer des nombres

Je découvre et je retiens

Comment encadrer 28 145 658 781 par les milliers, les millions puis les milliards les plus proches ?

1. 28 145 658 **000** < 28 145 658 781 < 28 145 659 **000**

► Pour encadrer un nombre par les **milliers** les plus proches, on cherche le nombre terminé par **000** immédiatement inférieur et le nombre terminé par **000** immédiatement supérieur.

2. 28 145 **000 000** < 28 145 658 781 < 28 146 **000 000**

► Pour les **millions**, on fait de même avec les nombres terminés par **000 000**.

3. 28 **000 000 000** < 28 145 658 781 < 29 **000 000 000**

► Pour les **milliards**, on fait de même avec les nombres terminés par **000 000 000**.

Je m'entraîne

1 Encadre les nombres par des nombres arrondis aux milliers les plus proches.

1. ____________ < 65 248 341 < ____________
2. ____________ < 361 499 254 < ____________
3. ____________ < 35 327 364 320 < ____________
4. ____________ < 3 321 099 300 < ____________

2 Complète le tableau.

Nombre qui précède arrondi au million	Nombre donné	Nombre qui suit arrondi au million
1.	231 584 654	
2.	6 578 214 000	
3.	98 999 357 000	

3 Complète le tableau.

Nombre qui précède arrondi au milliard (terminé par 000 000 000)	Nombre donné	Nombre qui suit arrondi au milliard (terminé par 000 000 000)
1.	128 364 370 564	
2.	859 001 254 700	
3.	799 602 000 084	

4 Trouve un nombre qui peut être encadré par les nombres donnés.

1. 20 000 000 < ____________ < 30 000 000
2. 25 320 000 000 < ____________ < 25 330 000 000
3. 390 000 000 < ____________ < 400 000 000
4. 354 790 000 000 < ____________ < 354 800 000 000

Très bien ☐ Assez bien ☐ Pas assez bien ☐

4 Les fractions

Je découvre et je retiens

1 Quelle fraction représente le dessin ci-contre ?

Cette bande est partagée en 8 parts égales.
On a colorié 5 parts sur 8 parts.

Le dessin représente la fraction $\frac{5}{8}$; elle se lit **cinq huitièmes**.

► Dans une fraction, le chiffre situé sous le trait de fraction, le **dénominateur**, indique le nombre total de parts. Le nombre situé au-dessus du trait, le **numérateur**, indique le nombre de parts considérées.

2 Comment représenter les fractions $\frac{1}{2}$, $\frac{2}{3}$, $\frac{3}{4}$, $\frac{6}{10}$?

$\frac{1}{2}$: un demi $\frac{2}{3}$: deux tiers $\frac{3}{4}$: trois quarts $\frac{6}{10}$: six dixièmes

Je m'entraîne

1a Entoure le numérateur de chaque fraction.

$\frac{5}{2}$ $\frac{1}{3}$ $\frac{9}{4}$ $\frac{54}{8}$ $\frac{6}{10}$ $\frac{35}{100}$ $\frac{645}{1\,000}$ $\frac{71}{15}$

1b Entoure le dénominateur de chaque fraction.

$\frac{8}{12}$ $\frac{2}{8}$ $\frac{5}{4}$ $\frac{21}{100}$ $\frac{39}{10}$ $\frac{61}{7}$ $\frac{123}{58}$ $\frac{6}{5}$

2a Écris la fraction correspondant à chaque schéma, en chiffres, puis en lettres.

1. 2. 3. 4.

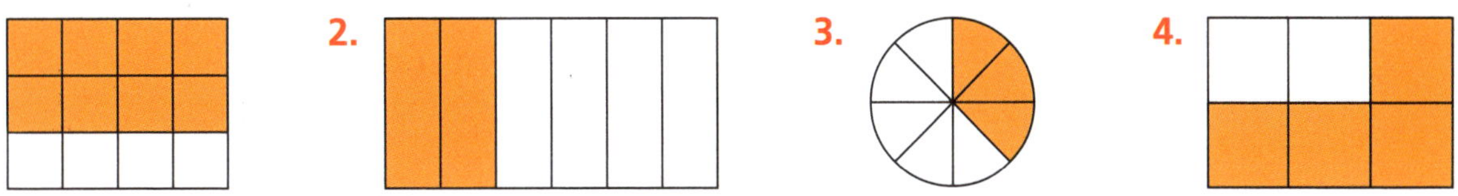

2b Colorie la partie qui correspond à chacune des fractions ci-dessous, puis écris chacune des fractions en chiffres.

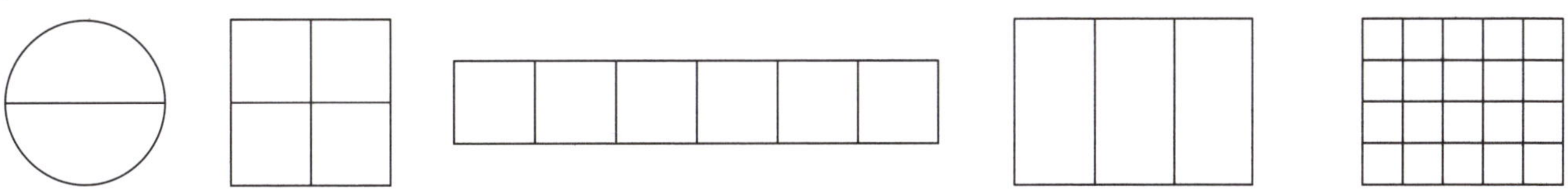

un demi : un quart : trois sixièmes : deux tiers : Treize vingtièmes :

2c Colorie les $\frac{5}{16}$ de cette bande.

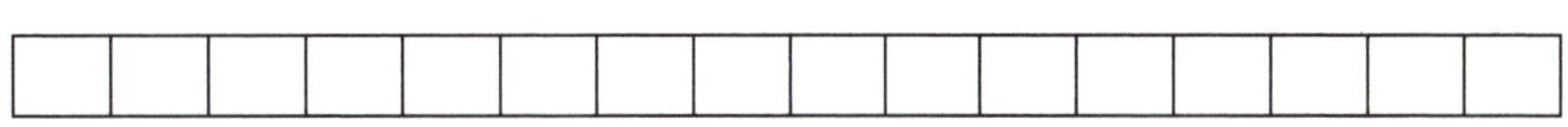

Écris la fraction représentée par la partie non coloriée : ____________

Très bien ☐ Assez bien ☐ Pas assez bien ☐

5 Les fractions : encadrement et comparaison

Je découvre et je retiens

① Comment encadrer les fractions $\frac{8}{5}$ et $\frac{11}{5}$ entre deux nombres entiers consécutifs ?

Droite graduée de 0 à 4 (graduée en cinquièmes) : $\frac{2}{5}$, $\frac{5}{5}$, $\frac{8}{5}$, $\frac{11}{5}$

$1 < \frac{8}{5} < 2$ $\qquad$ $2 < \frac{11}{5} < 3$

► Une fraction peut être encadrée par deux nombres entiers consécutifs (qui se suivent).

② Comment comparer ces fractions à l'unité ?

La fraction $\frac{2}{5} < 1$ car $2 < 5$; la fraction $\frac{5}{5} = 1$ car $5 = 5$; la fraction $\frac{8}{5} > 1$ car $8 > 5$.

► Lorsque le **numérateur** est **égal** au dénominateur, la fraction est égale à 1 ; s'il est **plus petit**, la fraction est plus petite que 1 ; s'il est **plus grand**, la fraction est plus grande que 1.

Je m'entraîne

1a Place les fractions $\frac{5}{3}$, $\frac{8}{3}$, $\frac{10}{3}$ et $\frac{16}{3}$ sur la droite graduée puis encadre-les par deux nombres entiers consécutifs.

Droite graduée de 0 à 5 (graduée en tiers) : $\frac{5}{3}$

_____ $< \frac{5}{3} <$ _____

_____ $< \frac{8}{3} <$ _____

_____ $< \frac{10}{3} <$ _____

_____ $< \frac{16}{3} <$ _____

1b Écris les fractions dans le tableau.

$\frac{6}{4}$ $\quad \frac{4}{5}$ $\quad \frac{18}{19}$ $\quad \frac{6}{5}$ $\quad \frac{7}{3}$ $\quad \frac{6}{7}$ $\quad \frac{3}{4}$ $\quad \frac{15}{10}$ $\quad \frac{210}{100}$ $\quad \frac{5}{2}$ $\quad \frac{15}{6}$

Fractions comprises entre 0 et 1	Fractions comprises entre 1 et 2	Fractions comprises entre 2 et 3
1.	2.	3.

2 Pour chaque fraction, écris un numérateur qui convient.

1. $\frac{\ldots}{5} < 1$ $\qquad$ 2. $\frac{\ldots}{3} > 1$ $\qquad$ 3. $\frac{\ldots}{10} = 1$

4. $\frac{\ldots}{4} < 1$ $\qquad$ 5. $\frac{\ldots}{8} > 1$ $\qquad$ 6. $\frac{\ldots}{19} = 1$

7. $\frac{\ldots}{100} < 1$ $\qquad$ 8. $\frac{\ldots}{43} > 1$ $\qquad$ 9. $\frac{\ldots}{21} = 1$

Très bien ☐ $\qquad$ Assez bien ☐ $\qquad$ Pas assez bien ☐

6 Les fractions : décomposition

Je découvre et je retiens

① Comment trouver la partie entière de $\frac{7}{3}$?

On écrit cette fraction sur une droite graduée en tiers.

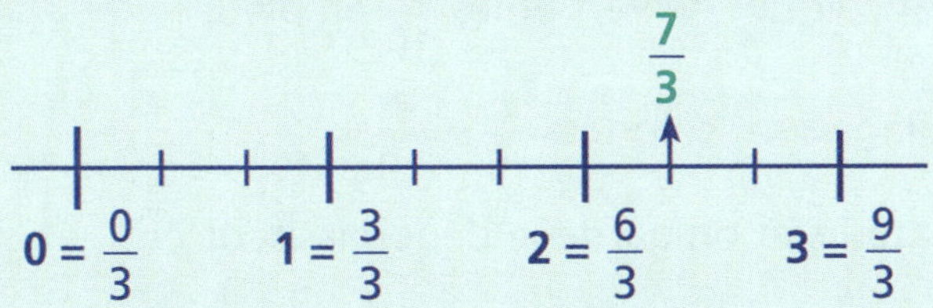

$\frac{7}{3} = 7 : 3 = 2$; reste 1 ; **2** est la partie entière de $\frac{7}{3}$.

▶ La **partie entière d'une fraction** est égale au **quotient entier** de son **numérateur** par son **dénominateur**.

② Comment écrire $\frac{7}{3}$ sous la forme d'un nombre entier et d'une fraction inférieure à 1 ?

$\frac{7}{3} = \frac{6}{3} + \frac{1}{3}$; comme $\frac{6}{3} = 2$,

on peut écrire $\frac{7}{3} = 2 + \frac{1}{3}$.

▶ Une fraction **décomposée** est égale à la **somme** de sa **partie entière** et d'une **fraction inférieure à 1**.

Je m'entraîne

1 Complète en écrivant la partie entière de la fraction.

1. $\frac{17}{3}$ = ___ + $\frac{2}{3}$
2. $\frac{5}{3}$ = ___ + $\frac{2}{3}$
3. $\frac{15}{2}$ = ___ + $\frac{1}{2}$
4. $\frac{36}{10}$ = ___ + $\frac{6}{10}$
5. $\frac{504}{100}$ = ___ + $\frac{4}{100}$
6. $\frac{56}{9}$ = ___ + $\frac{2}{9}$

2a Décompose chaque fraction comme dans l'exemple.

Exemple : $\frac{53}{10} = \frac{\mathbf{50}}{\mathbf{10}} + \frac{3}{10}$

1. $\frac{109}{25}$ = ___ + $\frac{9}{25}$
2. $\frac{49}{5}$ = ___ + $\frac{4}{5}$
3. $\frac{37}{8}$ = ___ + $\frac{5}{8}$
4. $\frac{22}{3}$ = ___ + $\frac{1}{3}$
5. $\frac{612}{100}$ = ___ + $\frac{12}{100}$

2b En t'aidant des décompositions de l'exercice 2a ci-dessus, écris chaque fraction sous la forme de la somme d'un nombre entier et d'une fraction. *Exemple :* $\frac{53}{10} = 5 + \frac{3}{10}$

1. $\frac{109}{25}$ = ___ + ___
2. $\frac{49}{5}$ = ___ + ___
3. $\frac{37}{8}$ = ___ + ___
4. $\frac{22}{3}$ = ___ + ___
5. $\frac{612}{100}$ = ___ + ___

2c Colorie les schémas pour représenter les fractions, puis écris chacune d'elles sous la forme de la somme d'un entier et d'une fraction inférieure à 1.

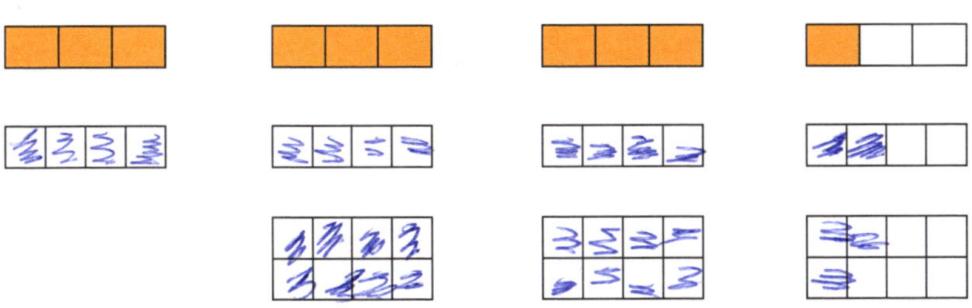

Exemple : $\frac{10}{3} = 3 + \frac{1}{3}$

$\frac{14}{4}$ = ___

$\frac{19}{8}$ = ___

Très bien ☐ Assez bien ☐ Pas assez bien ☐

7 Additionner les fractions

Je découvre et je retiens

1 Comment additionner les fractions décimales $\frac{4}{10}$ et $\frac{3}{10}$?

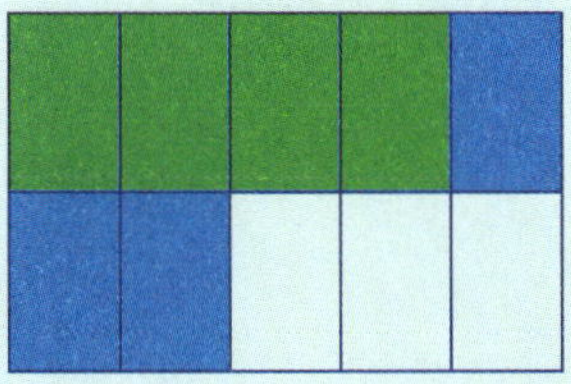

Les $\frac{4}{10}$ de ce quadrillage sont coloriés en vert et les $\frac{3}{10}$ en bleu.

En tout, les $\frac{7}{10}$ de ce quadrillage sont coloriés. $\frac{4}{10} + \frac{3}{10} = \frac{7}{10}$

► On additionne les numérateurs et on garde le dénominateur.

2 Comment additionner les fractions $\frac{1}{5}$, $\frac{3}{5}$ et $\frac{2}{5}$?

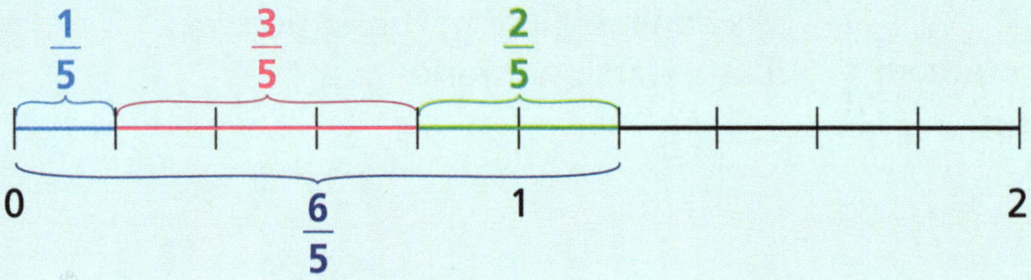

$\frac{1}{5} + \frac{3}{5} + \frac{2}{5} = \frac{6}{5}$

► On additionne les numérateurs et on garde le dénominateur.

Je m'entraîne

1a Additionne les fractions.

1. $\frac{6}{10} + \frac{9}{10} = \frac{15}{10}$ 2. $\frac{28}{100} + \frac{51}{100} = \frac{79}{100}$ 3. $\frac{31}{1000} + \frac{900}{1000} = \frac{931}{1000}$ 4. $\frac{62}{100} + \frac{58}{100} = \frac{120}{100}$

1b Complète les égalités avec le numérateur qui convient.

? 1. $\frac{3}{10} + \frac{\ldots}{10} = \frac{20}{10}$ 2. $\frac{1}{100} + \frac{\ldots}{100} = \frac{100}{100}$ 3. $\frac{3}{1000} + \frac{\ldots}{1000} = \frac{73}{1000}$ 4. $\frac{9}{10} + \frac{\ldots}{10} = \frac{28}{10}$

2a Additionne les fractions.

1. $\frac{5}{3} + \frac{9}{3} = \frac{14}{3}$ 2. $\frac{14}{5} + \frac{3}{5} = \frac{17}{5}$ 3. $\frac{9}{25} + \frac{12}{25} + \frac{4}{25} = \frac{25}{25}$

2b Complète les égalités.

? 1. $\frac{99}{100} + \ldots = \frac{118}{100}$ 2. $\frac{14}{10} + \frac{14}{10} = \ldots$ 3. $\ldots + \frac{138}{1000} = \frac{238}{1000}$

3 Théo et ses amis effectuent une grande randonnée en VTT. Le 1er jour, ils effectuent les $\frac{15}{100}$ du parcours ; le 2e jour les $\frac{21}{100}$ et le 3e jour les $\frac{17}{100}$. **Quelle fraction de la distance totale ont-ils parcourue en 3 jours ?**

$\frac{15}{100} + \frac{21}{100} + \frac{17}{100} = \frac{53}{100}$

Très bien ☐ Assez bien ☐ Pas assez bien ☐

8 Connaître la valeur des chiffres d'un nombre décimal

Je découvre et je retiens

1 Comment s'appellent les deux parties du nombre décimal 63,9275 ?

63 est sa partie entière et **9 275** est sa partie décimale.

▶ Un nombre décimal a une **partie entière** et une **partie décimale**.

2 Quelle est la valeur du chiffre 3 et du chiffre 7 dans le nombre 63,9275 ?

Partie entière			Partie décimale			
centaines	dizaines	unités	dixièmes	centièmes	millièmes	dix millièmes
	6	**3,**	9	2	**7**	5

3 est le chiffre des **unités** et **7** est le chiffre des **millièmes**.

▶ On repère la colonne dans laquelle se trouve le chiffre dont on veut connaître la valeur.

Je m'entraîne

1a Dans les nombres décimaux suivants, entoure la partie entière en bleu.

14,31 – 519,6 – 6,948 – 0,4832 – 1 246,5 – 3,6248 – 509,58 – 748,003 – 35,951 – 61,07

1b Dans les nombres décimaux suivants, entoure la partie décimale en rouge.

14,31 – 519,6 – 6,948 – 0,4832 – 1 246,5 – 3,6248 – 509,58 – 748,003 – 35,951 – 61,07

2 Place les nombres décimaux dans le tableau et indique la valeur de chacun des chiffres soulignés.

Centaines	Dizaines	Unités	Dixièmes	Centièmes	Millièmes	Dix millièmes

14,0681 : ....

129,7 : ....

0,286 : ....

3 Décompose comme dans l'exemple.

Exemple : 13,58 = 13 unités 58 centièmes

1. 140,081 = ...
2. 324,5 = ...
3. 9,4052 = ...
4. 0,0845 = ...

As-tu réussi tes exercices ?

Très bien ☐ Assez bien ☐ Pas assez bien ☐

9 Comparer et ranger les nombres décimaux

Je découvre et je retiens

1 Des deux nombres 14,6 et 15,2, quel est le plus petit ?

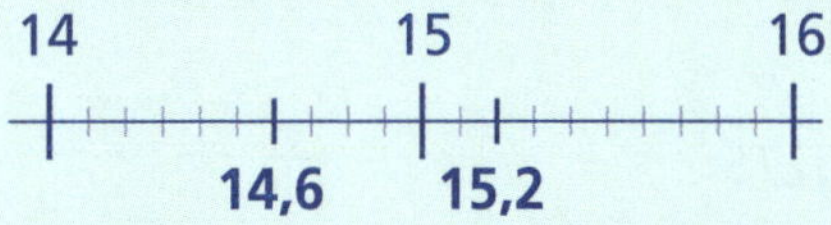

14,6 < 15,2 car 14 < 15

Des deux nombres 14,63 et 14,246, quel est le plus petit ?

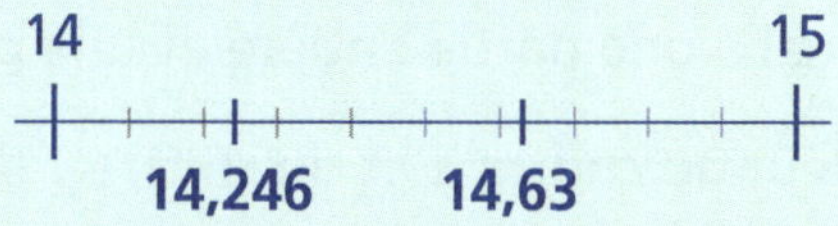

14,246 < 14,63 car 2 < 6

► On **compare** d'abord les **parties entières** ; si elles sont égales, on compare les dixièmes, puis les centièmes et ainsi de suite.

2 Comment ranger 14,6 – 15,2 – 14,246 et 14,63 dans l'ordre décroissant ?

15,2 > 14,63 > 14,6 > 14,246

► On **compare les nombres deux à deux** puis on les range du plus grand au plus petit.

Je m'entraîne

1 Complète avec les signes < ou >.

1. 7,342 734,2	2. 5,63 54	3. 11,2 10,658
4. 18,403 18,304	5. 1 680,631 ...... 1 680,36	6. 7,437 7,81
7. 31,691 31,634	8. 68,042 68,08	9. 9,163 9,14
10. 72,429 72,428	11. 3,053 3,0512	12. 0,9042 0,904

2a Range les nombres suivants dans l'ordre croissant.

63,04 – 9,342 – 63,4 – 18,381 – 0,92 – 9,09 – 9,41 – 0,892

....

2b Range les nombres suivants dans l'ordre décroissant.

53,041 – 53,6 – 53,529 – 54 – 53,9 – 53,009 – 53 – 53,01

....

3 Des yaourts vendus par paquet de 16 valent 2,72 €. Les mêmes yaourts vendus par paquets de 12 valent 2,16 €. **En utilisant la calculatrice, trouve dans les deux cas le prix d'un yaourt. Quel est le moins cher ?**

....

....

Très bien ☐ Assez bien ☐ Pas assez bien ☐

10 Décompositions liées à une écriture à virgule

Je découvre et je retiens

Comment décomposer les nombres suivants : 258,2 ; 69,58 ; 4,128 ?

Partie entière			Partie décimale		
centaines	dizaines	unités	dixièmes (0,1 ou $\frac{1}{10}$)	centièmes (0,01 ou $\frac{1}{100}$)	millièmes (0,001 ou $\frac{1}{1\,000}$)
2	5	8,	2		
	6	9,	5	8	
		4,	1	2	8

1. $258{,}2 = 258 + 0{,}2 = 258 + \frac{2}{10}$
2. $69{,}58 = 69 + 0{,}58 = 69 + 0{,}5 + 0{,}08 = 69 + \frac{5}{10} + \frac{8}{100}$
3. $4{,}128 = 4 + 0{,}128 = 4 + 0{,}1 + 0{,}02 + 0{,}008 = 4 + \frac{1}{10} + \frac{2}{100} + \frac{8}{1\,000}$

Je m'entraîne

1 Décompose les nombres de telle sorte que les parties décimales soient décomposées d'abord avec des nombres à virgule puis avec des fractions.

321,5 = 321 + 0,5 = 321 + $\frac{5}{10}$

1. 1 208,7 = ______ = ______

2. 40,9 = ______ = ______

3. 0,6 = ______ = ______

2 Décompose les nombres comme dans l'exercice précédent.

346,58 = ______ = ______

72,09 = ______ = ______

3 Décompose les nombres comme dans les exercices précédents.

76,142 = ______ = ______

975,108 = ______ = ______

4 Retrouve les nombres décomposés.

1. 96 + 0,1 = ______
2. 101 + 0,03 + 0,005 = ______
3. 3 + 0,2 + 0,006 = ______
4. $7 + \frac{9}{10} + \frac{1}{100}$ = ______
5. $38 + \frac{6}{100} + \frac{9}{1\,000}$ = ______
6. $71 + \frac{8}{10} + \frac{4}{1\,000}$ = ______

Très bien ☐ Assez bien ☐ Pas assez bien ☐

11 Donner une valeur approchée

Je découvre et je retiens

1 Quelle est la valeur approchée à l'unité près de 15,3 ? de 15,5 ?

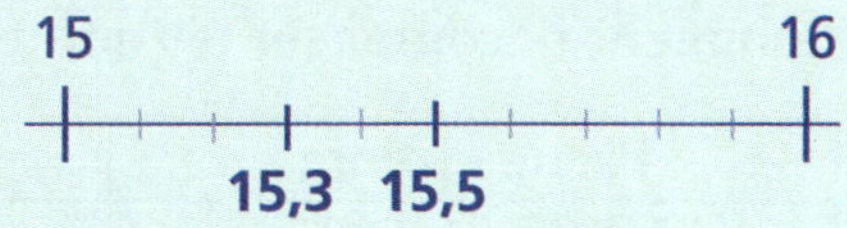

La valeur approchée de 15,**3** est **15**. La valeur approchée de 15,**5** est **15 par défaut** ou **16 par excès**.

► Quand le chiffre des **dixièmes** est **inférieur à 5**, la valeur approchée **à l'unité près** est le nombre entier inférieur ; quand le chiffre est **supérieur à 5**, la valeur approchée est égale au nombre entier supérieur.

2 Quelle est la valeur approchée au dixième près de 6,57 ?

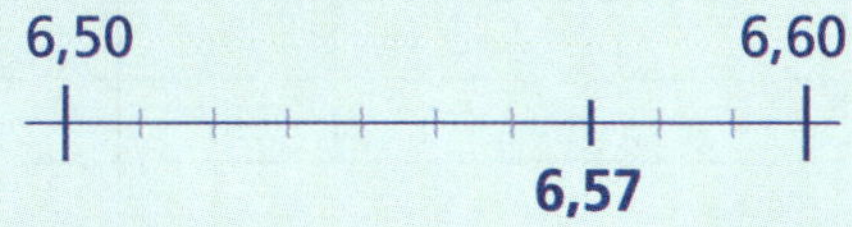

La valeur approchée **au dixième** près est 6,6.

3 Quelle est la valeur approchée au centième près de 3,514 ?

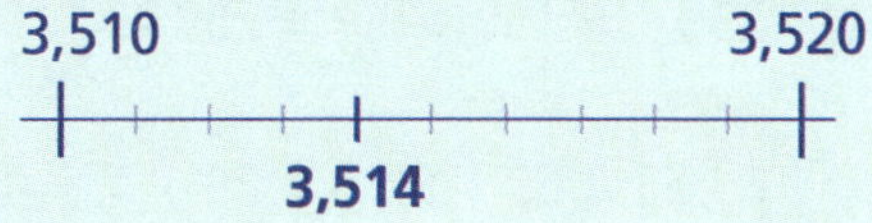

La valeur approchée **au centième** près est 3,51.

Je m'entraîne

1 Donne la valeur approchée des nombres à l'unité près.

1. 142,6 : ______ 2. 59,3 : ______ 3. 731,2 : ______ 4. 419,6 : ______ 5. 50,5 : ______

2 Donne la valeur approchée des nombres au dixième près.

1. 58,19 : ______ 2. 142,49 : ______ 3. 329,53 : ______ 4. 208,45 : ______ 5. 62,09 : ______

3 Donne la valeur approchée des nombres au centième près.

1. 31,628 : ______ 2. 75,034 : ______ 3. 9,135 : ______ 4. 0,458 : ______ 5. 718,512 : ______

4a Complète le tableau.

	1.	2.	3.	4.	5.	6.	7.	8.
Nombre	**6,942**	**17,639**	**29,704**	**159,035**	**0,715**	**13,258**	**365,119**	**641,327**
Valeur approchée **au centième**								
Valeur approchée **au dixième**								
Valeur approchée **à l'unité**								

4b Dans la liste suivante, entoure en bleu les nombres dont la valeur approchée est 20, en rouge ceux dont la valeur approchée est 21.

19,58 – 21,4 – 21,32 – 19,7 – 20,03 – 20,545 – 20,125 – 20,36 – 20,8 – 20,5 – 20,159 – 20,09 – 21,23 – 20,55 – 20,367

Très bien ☐ Assez bien ☐ Pas assez bien ☐

12 Additionner mentalement des entiers

Je découvre et je retiens

Comment additionner 43 + 38 ?

① 43 + 38 = (40 + 30) + (3 + 8) = 70 + 11 = 81

► Pour additionner des nombres entiers à deux chiffres, on peut **additionner séparément** les **dizaines** et les **unités**.

② 43 + 38 = 43 + (40 – 2) = (43 + 40) – 2 = 83 – 2 = 81

► On peut aussi **arrondir un des deux nombres à la dizaine supérieure** et **enlever** ensuite les **unités** qui ont été **ajoutées**.

Je m'entraîne

1a Calcule les sommes en additionnant séparément les dizaines et les unités.

1. 72 + 58 = (____ + ____) + (____ + ____) = ____ + ____ = ____
2. 84 + 37 = ________________
3. 73 + 29 = ________________
4. 55 + 96 = ________________

1b Résous les problèmes en faisant les calculs mentalement.

1. La classe de CM1 a emprunté 54 livres à la bibliothèque municipale et la classe de CM2 en a emprunté 48. **Combien de livres ont été empruntés en tout ?**

2. Lors d'une rencontre sportive, l'équipe de Lyon a totalisé 58 points dans la 1re manche et 134 points dans la 2e manche. L'équipe de Limoges a totalisé 66 points dans la 1re manche et 127 dans la 2e manche. **Quel est le score de chaque équipe ?**

2a Calcule les sommes en arrondissant un des deux nombres à la dizaine supérieure.

1. 31 + 79 = (31 + 80) – 1 = ________
2. 87 + 17 = ________
3. 127 + 68 = ________
4. 176 + 47 = ________

2b La mère de Manon a 39 ans ; l'arrière-grand-père de Manon a 49 ans de plus que sa mère. **Quel est l'âge de l'arrière-grand-père de Manon ?**

Très bien ☐ Assez bien ☐ Pas assez bien ☐

13 Additionner mentalement des entiers et des décimaux

Je découvre et je retiens

1 Comment décomposer 14,12 en un nombre entier suivi d'un nombre décimal ?

14,**12** = 14 + 0,**12**

► Un nombre décimal peut être décomposé en sa **partie entière** suivie de sa **partie décimale**.

2 Comment additionner 58 + 14,12 ?

58 + 14,**12** = (58 + 14) + 0,**12** = 72 + 0,**12** = 72,**12**

► Pour **additionner** un **nombre entier** et un **nombre décimal**, on additionne le **nombre entier** et la **partie entière** du nombre décimal, puis on ajoute la **partie décimale**.

Je m'entraîne

1 Décompose les nombres en un nombre entier suivi d'un nombre décimal.

1. 14,2 = ……………
2. 29,3 = ……………
3. 64,28 = ……………
4. 131,72 = ……………
5. 58,54 = ……………
6. 76,06 = ……………

2a Calcule les sommes.

1. 24 + 9,8 = (…… + ……) + 0,8 = …… + 0,8 = ……
2. 55 + 7,04 = ……………
3. 37 + 39,54 = ……………
4. 51 + 29,7 = ……………
5. 38 + 43,25 = ……………
6. 12 + 36,15 = ……………
7. 38,6 + 142 = ……………
8. 75,18 + 12 = ……………

2b Résous les problèmes sans poser les opérations.

1. Tom a acheté un magazine à 6,75 € et un livre à 27 €. **Quelle somme a-t-il dépensée ?**

……………

2. Pour encadrer un tableau, Félix a besoin de 2 baguettes : l'une de 47,6 cm et l'autre de 58 cm. **Quelle longueur de baguette doit-il acheter ?**

……………

3. Lors d'une randonnée en ski de fond, Léa a parcouru 18 km. Son père a parcouru 7,86 km de plus et sa mère a fait 5,23 km de plus que sa fille. **Quelle distance chacun a-t-il parcourue ?**

……………

……………

As-tu réussi tes exercices ?

Très bien ☐ Assez bien ☐ Pas assez bien ☐

14 Additionner mentalement des décimaux

Je découvre et je retiens

1 Comment additionner 0,71 et 0,9 ?

0,71 + 0,9 = 0,71 + 0,90 = 71 centièmes + 90 centièmes = 161 centièmes = 1,61

▶ Pour additionner deux **nombres décimaux inférieurs à 1**, on cherche leur équivalent en centièmes (ou en dixièmes), on additionne ensuite les centièmes (ou les dixièmes) puis on transforme le résultat en un décimal.

2 Comment additionner 15,71 et 18,9 ?

15,71 + 18,9 = (15 + 18) + (0,71 + 0,90) = 33 + 1,61 = 34,61

▶ Pour additionner **deux nombres décimaux**, on additionne séparément les parties entières et les parties décimales, puis on ajoute les deux sommes trouvées.

Je m'entraîne

1 Additionne les nombres décimaux.

1. 0,6 + 0,8 = 6 dixièmes + 8 ____________ = ____________ = ______
2. 0,57 + 0,29 = ____________ = ______
3. 0,53 + 0,7 = ____________ = ______

2a Calcule les sommes en additionnant séparément les parties entières et les parties décimales.

1. 39,3 + 45,6 = (______ + ______) + (______ + ______) = ______ + ______ = ______
2. 41,21 + 16,37 = ____________
3. 14,7 + 29,18 = ____________

2b Résous les problèmes mentalement.

1. Lors d'une randonnée à bicyclette, Enzo et ses parents ont parcouru 13,8 km le matin et 14,1 km l'après-midi. **Quelle distance ont-ils parcourue dans la journée ?**

____

2. Pour faire de la confiture, la grand-mère de Lilou a mélangé 1,45 kg de fraises et 1,55 kg de sucre. **Combien pèse sa préparation ?**

____

3. Pour faire un cocktail de jus de fruits, Alex a mélangé 0,75 L de jus de framboise et 1,35 L de jus de pomme. **Quelle quantité de boisson a-t-il obtenue ?**

____

Très bien ☐ Assez bien ☐ Pas assez bien ☐

15 Soustraire mentalement des entiers

Je découvre et je retiens

1 Comment calculer 145 – 86 sans poser l'opération ?

$86 \xrightarrow{+4} 90 \xrightarrow{+10} 100 \xrightarrow{+45} 145$

4 + 10 + 45 = **59** donc 145 – 86 = **59**

▶ Pour soustraire deux nombres entiers sans poser l'opération, on procède par **additions successives** à partir du plus petit des deux nombres jusqu'à ce que l'on retrouve le plus grand des deux nombres.

2 Comment vérifier le résultat ?

59 + 86 = (50 + 80) + (9 + 6) = 130 + 15 = 145

▶ Pour vérifier, on **additionne** le **petit nombre** et le **résultat** et on doit retrouver le **grand nombre**.

Je m'entraîne

1 Effectue les soustractions en procédant par additions successives.

1. 429 – 376 = ____________________
2. 528 – 497 = ____________________
3. 619 – 588 = ____________________

2 Vérifie les résultats de l'exercice précédent.

1. ____________________
2. ____________________
3. ____________________

3 Résous les problèmes mentalement puis vérifie les résultats.

1. Le parking de la gare compte 231 places. 128 voitures sont déjà garées. **Combien y a-t-il de places libres ?**

____

____

2. La bibliothèque de l'école possède 525 romans. 451 sont encore dans les rayons. **Combien de romans ont été empruntés ?**

____

____

Très bien ☐ Assez bien ☐ Pas assez bien ☐

16 Soustraire mentalement des entiers et des décimaux

Je découvre et je retiens

1 Quel est le complément de 1,39 au nombre entier immédiatement supérieur ?

1,39 + **0,01** = 1,40 1,40 + **0,60** = 2 donc 1,39 + **0,61** = 2

► Pour trouver le **complément** d'un **nombre décimal au nombre entier supérieur,** on procède par **additions successives.**

2 Comment calculer 9 – 1,39 sans poser l'opération ?

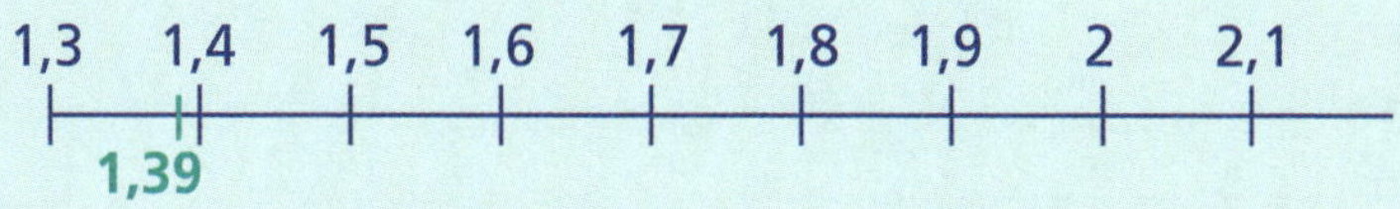

1,39 + **0,01** = 1,40 1,40 + **0,60** = 2 2 + **7** = 9 **7 + 0,60 + 0,01 = 7,61**

donc 9 – 1,39 = **7,61**

► Pour **soustraire un nombre décimal d'un nombre entier,** on procède aussi par additions successives.

Je m'entraîne

1 Trouve le complément des nombres suivants au nombre entier immédiatement supérieur.

1. 19,3 : ____________
2. 2,31 : ____________
3. 4,58 : ____________
4. 76,4 : ____________
5. 137,45 : ____________

2a Effectue les soustractions sans poser l'opération.

1. 8 – 6,4 : ____________
2. 25 – 18,3 : ____________
3. 9 – 3,58 : ____________

2b Résous les problèmes mentalement.

1. Un groupe d'amis a prévu de faire une randonnée de 28 km. Ils ont déjà parcouru 5,5 km.
Quelle distance leur reste-t-il à parcourir ?

____

2. Si Léonie avait 51,60 € de plus, elle posséderait 200 €.
Quelle somme possède-t-elle ?

____

Très bien ☐ **Assez bien** ☐ **Pas assez bien** ☐

17 Soustraire mentalement des décimaux

Je découvre et je retiens

1 Comment calculer 13,7 – 9,8 sans poser l'opération ?

9,8 —(+ 0,2)→ 10 —(+ 3)→ 13 —(+ 0,7)→ 13,7

0,2 + 3 + 0,7 = **3,9** → 13,7 – 9,8 = **3,9**

► Pour soustraire deux nombres décimaux sans poser l'opération, on procède par **additions successives**.

2 Comment vérifier le résultat ?

3,9 + **9,8** = (3 + 9) + (**0,9** + **0,8**) = 12 + **1,7** = 13,7

► Pour vérifier le résultat, on **additionne le résultat et le petit nombre** de la soustraction et on doit retrouver le **grand nombre**.

Je m'entraîne

1 Effectue les soustractions en procédant par additions successives.

1. 58,6 – 49,8 : ……………………

2. 15,7 – 8,9 : ……………………

3. 10,5 – 9,2 : ……………………

4. 12,4 – 7,8 : ……………………

5. 9,25 – 4,97 : ……………………

2 Vérifie les résultats de l'exercice précédent.

1. ……………………

2. ……………………

3. ……………………

4. ……………………

5. ……………………

3 Résous le problème mentalement puis vérifie le résultat.

Le jeu que Théo veut acheter coûte 19,15 €. Le commerçant lui offre une réduction de 5,80 €.
Quelle somme Théo va-t-il payer ?

……………………

Très bien ☐ Assez bien ☐ Pas assez bien ☐

18 Multiplier des entiers et des décimaux par 10, 100, 1 000

Je découvre et je retiens

1 Comment multiplier 73 par 10, par 100, par 1 000 ?

73 × 10 = 730 73 × 100 = 7 300 73 × 1 000 = 73 000

► Pour **multiplier** un **nombre entier** par **10, 100** ou **1 000**, on écrit **1, 2** ou **3 zéros** à sa **droite**.

2 Comment multiplier 73,21 par 10, par 100, par 1 000 ?

73,21 × 10 = 732,1 73,21 × 100 = 7 321 73,21 × 1 000 = 73 210

► Pour **multiplier** un **nombre décimal** par **10, 100** ou **1 000**, on **déplace la virgule** de **1, 2** ou **3 rangs** vers la **droite**. On écrit un ou plusieurs zéros si nécessaire.

Je m'entraîne

1a Effectue les **multiplications**.

1. 6 × 100 = ______ 2. 8 × 1 000 = ______ 3. 35 × 10 = ______ 4. 20 × 100 = ______
5. 61 × 10 = ______ 6. 98 × 100 = ______ 7. 39 × 1 000 = ______ 8. 130 × 10 = ______
9. 257 × 10 = ______ 10. 324 × 100 = ______ 11. 654 × 1 000 = ______ 12. 5 370 × 100 = ______

1b Retrouve le **multiplicateur**.

1. 45 × ______ = 450 2. 36 × ______ = 36 000
3. 290 × ______ = 29 000 4. 620 × ______ = 6 200

1c Retrouve le **multiplicande**.

1. ______ × 100 = 6 300 2. ______ × 1 000 = 6 000
3. ______ × 10 = 500 4. ______ × 100 = 75 000

2a Effectue les **multiplications**.

1. 1,31 × 100 = ______ 2. 3,2 × 10 = ______ 3. 14,6 × 100 = ______ 4. 5,6 × 1 000 = ______
5. 1,96 × 10 = ______ 6. 0,831 × 100 = ______ 7. 5,76 × 1 000 = ______ 8. 0,508 × 10 = ______
9. 21,6 × 1 000 = ______ 10. 6,248 × 10 = ______ 11. 5,248 × 100 = ______ 12. 0,023 × 100 = ______

2b Retrouve le **multiplicateur**.

1. 6,3 × ______ = 630 2. 71,6 × ______ = 716
3. 0,43 × ______ = 430 4. 0,4 × ______ = 40

2c Retrouve le **multiplicande**.

1. ______ × 10 = 76,1 2. ______ × 10 = 13,29
3. ______ × 1 000 = 3 600 4. ______ × 100 = 14,1

3 Le papier blanc est vendu par ramette de 500 feuilles. Une feuille revient à 0,7 centime.
Quel est, en euros, le prix de 2 ramettes ? (Effectue les opérations en lignes.)

______

______

Très bien ☐ Assez bien ☐ Pas assez bien ☐

19 Diviser des entiers et des décimaux par 10, 100, 1 000

Je découvre et je retiens

1 Comment diviser 91 par 10, par 100, par 1 000 ?

91 : 10 = 9,1 91 : 100 = 0,91 91 : 1 000 = 0,091

► Pour **diviser** un **nombre entier** par **10, 100** ou **1 000**, on sépare par une **virgule 1, 2** ou **3 chiffres** à la **droite** du nombre. On écrit un ou plusieurs zéros si nécessaire.

2 Comment diviser 91,6 par 10, par 100, par 1 000 ?

91,6 : 10 = 9,16 91,6 : 100 = 0,916 91,6 : 1 000 = 0,0916

► Pour **diviser** un **nombre décimal** par **10, 100** ou **1 000**, on **déplace** la virgule de **1, 2** ou **3 rangs** vers la **gauche**. On écrit un ou plusieurs zéros si nécessaire.

Je m'entraîne

1a Effectue les divisions.

1. 360 : 100 = ____ 2. 5 159 : 1 000 = ____ 3. 840 : 1 000 = ____
4. 34 : 10 = ____ 5. 29 : 100 = ____ 6. 56 : 100 = ____
7. 148 : 1 000 = ____ 8. 61 : 10 = ____ 9. 640 : 10 = ____

1b Retrouve le diviseur.

519 : ____ = 5,19 304 : ____ = 30,4 16 : ____ = 0,016

1c Retrouve le dividende.

____ : 10 = 0,9 ____ : 100 = 14,6 ____ : 1 000 = 4,5

2a Effectue les divisions.

1. 50,8 : 10 = ____ 2. 9,61 : 10 = ____ 3. 3,21 : 100 = ____ 4. 59,1 : 10 = ____
5. 27,8 : 100 = ____ 6. 6,5 : 100 = ____ 7. 35,64 : 10 = ____ 8. 96,3 : 1 000 = ____

2b Retrouve le diviseur.

1. 31,9 : ____ = 3,19 2. 5,81 : ____ = 0,581
3. 318,1 : ____ = 3,181 4. 4,26 : ____ = 0,0426

2c Retrouve le dividende.

1. ____ : 10 = 62,32 2. ____ : 100 = 12,36
3. ____ : 1 000 = 45,91 4. ____ : 10 = 0,756

3 En faisant 100 pas, Jonathan parcourt 59 m, Thomas 60 m et Oriane 51 m.
Calcule la longueur du pas de chacun.

____

Très bien ☐ Assez bien ☐ Pas assez bien ☐

20 L'addition des nombres entiers et décimaux

Je découvre et je retiens

1 Comment effectuer l'addition 289 + 1 590 + 1 356 ?

```
  1 2 1
    289
+ 1 590
+ 1 356
-------
  3 235
```

9 + 0 + 6 = 15

Je pose 5 unités et je retiens 1 dizaine.

1 + 8 + 9 + 5 = 23

Je pose 3 dizaines et je retiens 2 centaines.

2 + 2 + 5 + 3 = 12

Je pose 2 centaines et je retiens 1 millier.

1 + 1 + 1 + = 3

2 Comment poser et effectuer l'addition 71,75 + 146 + 15,50 ?

```
  1 1 1
   71,75
+ 146,00
+  15,50
--------
  233,25
```

► On place les **unités sous** les **unités** et les **virgules sous** les **virgules.**
On aligne la virgule du résultat avec celle des autres nombres.

Je m'entraîne

1 Pose puis effectue les additions.

1. 18 709 + 29 + 142

2. 72 631 + 3 629 + 87 268

3. 314 348 + 6 392 + 1 986 327

2a Pose puis effectue les additions.

1. 946 + 16 + 0,476

2. 709,868 + 34 + 29,06

3. 0,576 + 576 + 57,6

2b Une entreprise accorde 200 L d'essence par mois à son représentant. La consommation d'essence a été, au mois de janvier : 47,5 L la 1re semaine, 58,75 L la 2e semaine et 60,85 L la 3e semaine.
Restera-t-il de l'essence au représentant pour la dernière semaine ?

Opération :

Phrase-réponse : ____________________

____

Très bien ☐ **Assez bien** ☐ **Pas assez bien** ☐

21 La soustraction des nombres entiers et décimaux

Je découvre et je retiens

1 Comment effectuer la soustraction 16 802 – 5 943 ?

```
   1   6  ¹8  ¹0  ¹2
–      5   9   4   3
         +1  +1  +1
   1   0   8   5   9
```

2 < 3 : on met une retenue 1 à gauche de 2 que l'on reporte à droite du 4.

On calcule ensuite 12 – 3 = 9
On continue de même pour les autres colonnes.

2 Comment poser et effectuer la soustraction 518 – 233,75 ?

```
   5  ¹1   8,  ¹0  ¹0
–  2   3   3,   7   5
      +1       +1  +1
   2   8   4,   2   5
```

► On complète avec des zéros pour avoir le **même nombre de chiffres après la virgule**. On aligne la virgule du résultat avec celle des autres nombres.

Je m'entraîne

1a **Pose puis effectue les soustractions.**

1. 13 849 – 8 934
2. 59 638 – 951
3. 78 041 – 352
4. 146 050 – 99 692

1b Le lundi soir, le compteur d'un bus indique 1 842 km, le mardi soir 2 073 km et le mercredi soir 2 311 km. **Quelle distance le chauffeur a-t-il parcourue le mardi ? le mercredi ? Calcule de deux manières différentes la distance totale parcourue au cours de ces deux jours.**

Opérations :

Phrase-réponse :

2 **Pose puis effectue les soustractions.**

1. 528,92 – 49,76
2. 1 591 – 17,923
3. 2 646,7 – 908,45
4. 634,63 – 192

Très bien ☐ Assez bien ☐ Pas assez bien ☐

22 Multiplier des nombres entiers : cas général

Je découvre et je retiens

1 Quel est l'ordre de grandeur du produit 11 346 × 48 ?

11 346 est proche de 10 000.

48 est proche de 50.

10 000 × 50 = 500 000.

Le résultat doit être proche de 500 000.

► Pour trouver l'**ordre de grandeur** du résultat d'une multiplication, on **arrondit** le **multiplicande** et le **multiplicateur** pour pouvoir calculer le produit mentalement.

2 Comment effectuer la multiplication 11 346 × 48 ?

11 346	→	Multiplicande
× **48**	→	Multiplicateur : **48 = 8 + 40**
90 768	→	Résultat de la multiplication par 8
+ **453 840**	→	Résultat de la multiplication par **40**
544 608	→	Produit de la multiplication

544 608 est un résultat proche de 500 000.

► Il ne faut pas oublier **d'écrire un zéro à droite** quand on multiplie le **chiffre** des **dizaines**.

Je m'entraîne

1 Trouve l'ordre de grandeur des produits.

1. 631 × 26 ____________
2. 1 842 × 37 ____________
3. 915 × 89 ____________

2a Pose puis effectue les multiplications. Vérifie que les résultats sont proches de ceux de l'exercice précédent.

1. 631 × 26
2. 1 842 × 37
3. 915 × 89

2b Complète ce bon de commande.

Désignation	Quantité	Prix unitaire en €	Montant en €
Tabourets	45	29	
Chaises	38	17	
Coussins	156	12	

Total de la commande : ____________

Très bien ☐ Assez bien ☐ Pas assez bien ☐

23 Multiplier des nombres entiers : zéros intercalés

Je découvre et je retiens

1 Quel est l'ordre de grandeur du produit 138 × 403 ?

138 est proche de 140.

403 est proche de 400.

140 × 400 = 56 000.

► Pour calculer l'**ordre de grandeur** d'un **produit**, on **arrondit** les nombres avant de les multiplier.

2 Quel est le produit de 138 × 403 ?

138	On multiplie par le chiffre des unités (**3**).
× **403**	On écrit un zéro sous les dizaines (**0**).
414	On multiplie par le chiffre des centaines (**4**).
+ 55200	
55614	On additionne les produits partiels.

55 614 est proche de 56 000.

► Lorsque le multiplicateur comporte un **zéro intercalé**, on ne le multiplie pas et **on met un zéro**.

Je m'entraîne

1 Trouve l'ordre de grandeur des produits.

1. 438 × 409 ____________________
2. 2 703 × 508 ____________________
3. 213 × 7 003 ____________________

2 Pose puis effectue les multiplications. Vérifie que les résultats sont proches de ceux de l'exercice précédent.

1. 438 × 409

2. 2 703 × 508

3. 213 × 7 003

3 Un loueur de matériel de sports d'hiver a commandé 105 paires de skis à 303 € l'une, 208 bonnets à 15 € pièce et 109 paires de chaussures à 102 € la paire. **Quel est le montant de sa commande ?**

Opérations :

Phrase-réponse : ____________________

As-tu réussi tes exercices ?

Très bien ☐ **Assez bien** ☐ **Pas assez bien** ☐

24 Multiplier des nombres décimaux

Je découvre et je retiens

1 Quel est l'ordre de grandeur du produit 26,7 × 1,04 ?

26,7 est proche de 27.

1,04 est proche de 1.

27 × 1 = 27

▶ Pour calculer l'ordre de grandeur du résultat, on arrondit chaque nombre **décimal** au nombre **entier** le plus proche.

2 Quel est le produit de 26,7 × 1,04 ?

```
    267          26,7  → 
  × 104       ×   1,04 → 3 chiffres après la virgule
   1068          1068
 +267..        +267..
  27768         27,768 ← 26,7 × 1,04 = 27,768
                         27,768 est proche de 27.
```

▶ On place la **virgule au résultat** de façon qu'il y ait **autant de chiffres après la virgule** qu'il y en a au **multiplicande et au multiplicateur réunis.**

Je m'entraîne

1 Trouve l'ordre de grandeur des produits.

1. 940,36 × 78 ____________________
2. 843 × 5,6 ____________________
3. 375,63 × 5,02 ____________________

2a Pose puis effectue les multiplications de l'exercice précédent. Vérifie que les résultats sont proches de l'ordre de grandeur.

1. 940,36 × 78
2. 843 × 5,6
3. 375,63 × 5,02

2b Sachant que 734 × 245 = 179 830, trouve les résultats sans poser les opérations.

1. 734 × 24,5 = __________
2. 7,34 × 0,245 = __________
3. 73,4 × 2,45 = __________
4. 0,734 × 0,245 = __________
5. 734 × 0,0245 = __________
6. 73,4 × 245 = __________

3 Place les virgules où il convient dans les nombres écrits en couleur.

1. 6,306 × 5,36 = 3380016
2. 9708 × 5,57 = 54,07356
3. 9,631 × 436 = 41,99116
4. 0,539 × 0,091 = 0049049
5. 32,16 × 0,302 = 971232
6. 0,657 × 3008 = 197,6256

As-tu réussi tes exercices ?

Très bien ☐ Assez bien ☐ Pas assez bien ☐

25 Division décimale de deux entiers

Je découvre et je retiens

1 Quel est le quotient entier de 183 : 25 ?

```
1 8 3 | 2 5
1 7 5 | 7
    8 |
```

En 183 combien de fois 25 ?

$25 \times 7 = 175$

On écrit 7 au quotient

183 – 175 = 8 ; il reste 8.

183 est le **dividende**, 25 est le **diviseur**, 7 est le **quotient**, 8 est le **reste**.

► Le reste doit être plus petit que le diviseur : 8 < 25.

2 Quel est le quotient décimal de 183 : 25 ?

```
1 8 3, 0 0 | 2 5
    8 0    | 7, 3 2
      5 0  |
        0  |
```

On trouve d'abord le quotient entier de la division (voir à gauche).

On place une virgule après le 7 et on met un 0 à droite du reste.

En 80 combien de fois 25 ?

$25 \times 3 = 75$: on écrit 3 au quotient et il reste 5.

On met un 0 à droite du reste ; en 50 combien de fois 25 ?

$25 \times 2 = 50$; on écrit 2 au quotient et il reste 0.

► **Si le reste n'est pas égal à 0, on continue l'opération,** en mettant une **virgule au quotient** et un **zéro à la droite du reste.**

Je m'entraîne

1 Effectue les divisions en calculant simplement le quotient entier.

1. 451 | 25

2. 49 | 17

3. 361 | 34

4. 570 | 24

2 Complète le tableau en continuant les divisions de l'exercice précédent.

	Dividende	Diviseur	Quotient entier	Quotient au dixième	Quotient au centième
1.	451	25			
2.	49	17			
3.	361	34			
4.	570	24			

3 Le lot de 12 rosiers vaut 105 €. **Calcule le prix d'un rosier.**

Opération :

Calcul en ligne et phrase-réponse :

Très bien ☐ Assez bien ☐ Pas assez bien ☐

26 Division d'un nombre décimal par un entier

Je découvre et je retiens

1 Comment effectuer la division 18,25 : 5 ?

1 8, 2 5	5
3 2	3, 6 5
2 5	
0	

On divise 18 par 5, le quotient est 3, il reste 3.

On met une virgule au quotient.

On abaisse le 2.

On divise 32 par 5 ; le quotient est 6, il reste 2.

On abaisse le 5 ; on divise 25 par 5, le quotient est 5, il reste 0.

▶ On divise d'abord la partie entière. On met ensuite une **virgule au quotient** puis on continue la division en **abaissant les chiffres de la partie décimale** un à un.

2 Comment effectuer la division 9,23 : 31 ?

9, 2 3	3 1
3 0 3	0, 2 9
2 4	

9 < 31

On met un **0 au quotient** ainsi qu'une **virgule**.

On divise 92 par 31, le quotient est 2 ; il reste 30.

On abaisse le 3. On divise 303 par 31, le quotient est 9. Le reste est égal à 0,24.

▶ Lorsque la **partie entière du dividende** est **inférieure au diviseur**, on met un **0** et une **virgule** au quotient puis on continue la division.

Je m'entraîne

1 Effectue les divisions.

1. 78,3 | 3
2. 252,5 | 25
3. 148,6 | 59
4. 302,4 | 36

2 Effectue les divisions.

1. 1,57 | 6
2. 37,35 | 45
3. 14,78 | 31
4. 9,63 | 49

3 Voici la preuve de la division de l'exemple 2 (Je découvre et je retiens) : (0,29 × 31) + 0,24 = 9,23.
Vérifie de même les deux premières divisions de l'exercice 2.
Tu peux utiliser ta calculatrice.

1. ……………………………………………

2. ……………………………………………

Très bien ☐ Assez bien ☐ Pas assez bien ☐

27 Utiliser la calculatrice

Je découvre et je retiens

1 Quelle est la moyenne des notes suivantes : 11,5 ; 14 ; 12,5 ; 12 ; 17,5 ?

Il faut additionner tous les nombres et diviser la somme par 5.

Je tape	1	1	,	5	+	1	4	+	1	2	,	5	+	1	2	+	1	7	,	5	:	5	=
Je vois	1	11	11	11,5	11,5	1	14	25,5	1	12	12	12,5	38	1	12	50	1	17	17	17,5	67,5	5	13,5

La calculatrice affiche 13,5. La moyenne des notes est 13,5.

2 Comment vérifier le résultat du calcul suivant sur une calculatrice qui n'a pas les parenthèses ?

(28 × 13) – (104 × 5) + (508 × 4) = **1 876**. On rentre les données suivantes :

Je tape	2	8	×	1	3	M+	1	0	4	×	5	M–	5	0	8	×	4	M+	MRC
Je vois	2	28	28	1	13	M 364	1	10	104	×	5	M 520	5	50	508	×	4	M 2032	**M 1876**

▶ Pour faire des calculs avec parenthèses, on utilise les touches M+ (mémoire qui additionne), M– (mémoire qui soustrait) et MRC (ou MR) pour rappeler tout ce qui est en mémoire.

Je m'entraîne

1 Complète le tableau en utilisant les formules suivantes.

Périmètre d'un carré = côté × 4. Aire d'un carré = côté × côté.

Carré	1.	2.	3.	4.	5.	6.	7.	8.	9.	10.
Côté en cm	11,5	11,6	11,7	11,8	11,9	12	12,1	12,2	12,3	12,4
Périmètre en cm	46									
Aire en cm²	132,25									

2a Une camionnette est chargée de 18 cartons pesant chacun 11,8 kg et de 21 sacs contenant chacun 25 kg de pommes de terre. **Écris les opérations que tu dois faire en utilisant les parenthèses. Effectue les calculs avec ta calculatrice et écris les phrases-réponses.**

1. Quelle est la masse chargée dans la camionnette ? ______________________

____

2. Quelle sera la masse si l'on ajoute 12 cartons et 5 sacs ? ______________________

____

2b Un jardinier a rempli 15 bidons de 35 L d'eau de pluie. Il utilise 29 arrosoirs contenant chacun 11 L. **Quelle quantité d'eau lui reste-t-il ?**

____

____

As-tu réussi tes exercices ?

Très bien ☐ **Assez bien** ☐ **Pas assez bien** ☐

28 Problèmes à étapes

Je découvre et je retiens

1 Jade possède 125 €. Elle a dépensé 32,25 € pour le cadeau de sa mère et 28,85 € pour celui de son père. **Quelle somme lui reste-t-il ?**

Étape 1 : (32,25 + 28,85) = 61,10 ;

Étape 2 : 125 – 61,10 = 63,90 ou 125 – (32,25 + 28,85) = 63,90. Il lui reste 63,90 €.

► Dans un problème à deux étapes, on peut souvent réunir deux calculs en un seul.

2 Yanis a acheté une moto valant 9 040 €. Il a donné 4 000 € le jour de la livraison et le reste a été payé en 9 mensualités égales. **Quel est le montant d'une mensualité ?**

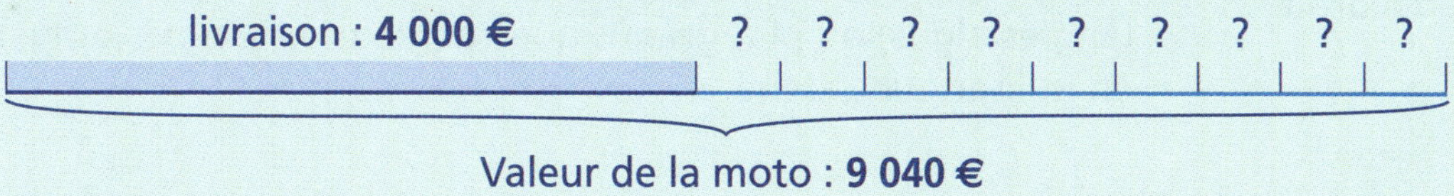

(9 040 – 4 000) : 9 = 560 Le montant d'une **mensualité** est de **560 €**.

► Un **croquis** permet de visualiser un énoncé et donc de trouver plus facilement les calculs à effectuer.

Je m'entraîne

Les problèmes de cette page doivent être rédigés sur une feuille séparée.

1a Alexandra veut passer une semaine dans une station de sports d'hiver. On lui propose deux formules au choix. 1re formule, pour la semaine : forfait remontées mécaniques : 145 € ; hôtel en pension complète : 510 € ; location du matériel : 110 €. 2e formule : forfait 1 semaine tout compris : 650 €. **Quelle économie réalisera-t-elle en choisissant la formule la plus intéressante ? Trouve le résultat en réunissant les deux calculs en un seul.**

1b Un village compte 156 hommes, 161 femmes et 67 enfants. À 4 km de là, un autre village compte 108 hommes, 112 femmes et 45 enfants. **Quelle est la différence de population entre ces deux villages ? Trouve le résultat en réunissant les deux calculs en un seul.**

2a Pour compléter le mobilier du restaurant scolaire, la mairie a dépensé 710 € pour l'achat de 5 tables et de 15 chaises. Une table vaut 82 €. **Combien coûte une chaise ? Avant de faire les calculs, transcris l'énoncé sous forme de croquis.**

2b Pour acheter des meubles pour la chambre d'Elsa, ses parents ont versé 150 € à la commande, 300 € à la livraison et le reste est payé en 9 mensualités égales. Le lit coûte 460 €, l'armoire vaut 790 € et le coffre 190 €. **Quel est le montant d'une mensualité ? Transcris l'énoncé sous forme de croquis.**

3 Le bureau de M. Loriot se trouve à 9,5 km de son domicile. Il rentre déjeuner chez lui tous les jours à midi et travaille 5 jours par semaine. **Quelle distance parcourt-il par semaine ?**

Très bien ☐ Assez bien ☐ Pas assez bien ☐

29 Tracer et reproduire des angles

Je découvre et je retiens

1 Comment tracer un angle droit ?

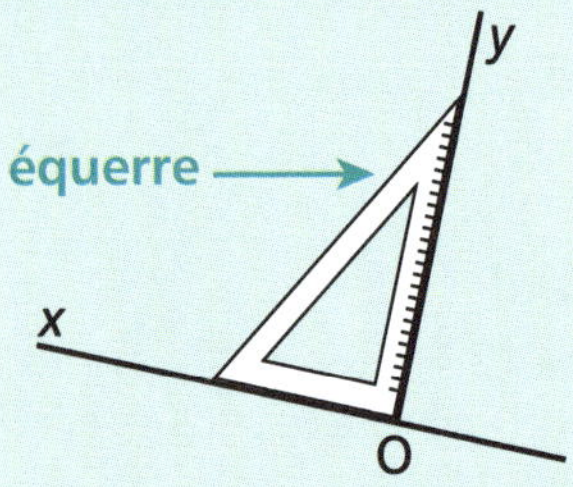

On utilise une équerre.

▶ L'angle $\widehat{xOy}$ est un angle droit.

2 Comment reproduire un angle ?

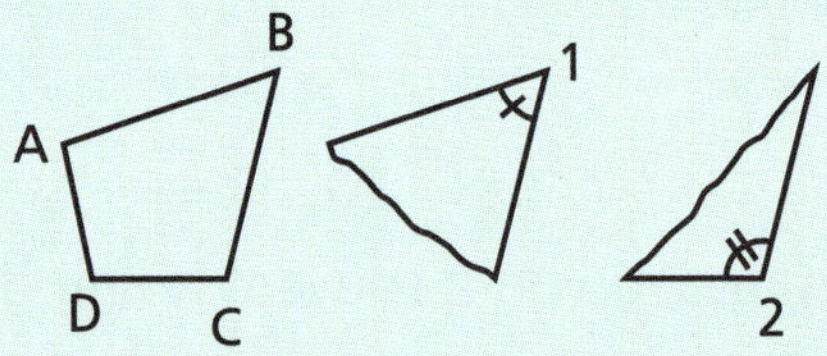

L'**angle 1** est le gabarit de l'angle $\widehat{ABC}$ de la figure géométrique ABCD : il est **plus petit** que l'angle droit.

L'**angle 2** est le gabarit de l'angle $\widehat{BCD}$; il est **plus grand** que l'angle droit.

▶ On reproduit des angles plus petits que l'angle droit (**angles aigus**) ou plus grands que l'angle droit (**angles obtus**) en utilisant un calque.

Je m'entraîne

1 **Trace les demi-droites O*y* et O*v* de manière que les angles $\widehat{xOy}$ et $\widehat{zOv}$ soient des angles droits.**

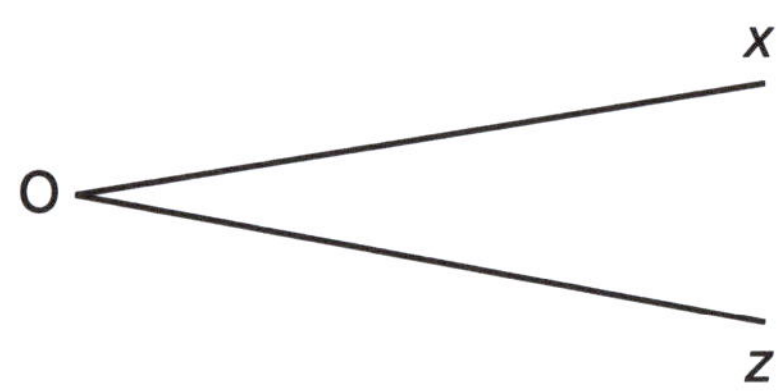

2a **Trace la demi-droite IE telle que $\widehat{AIE}$ soit un angle aigu et $\widehat{BIE}$ un angle obtus.**

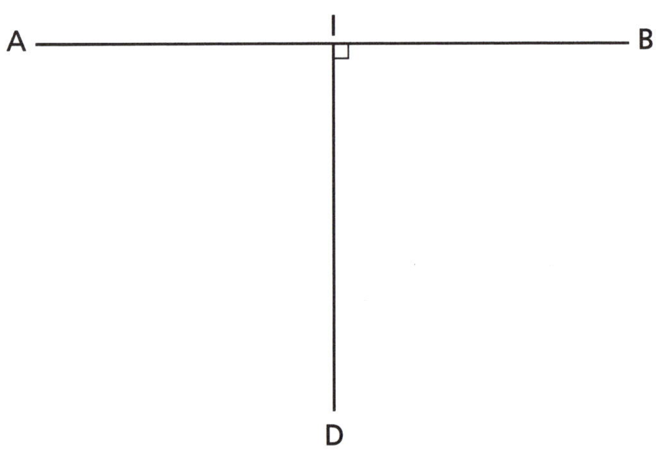

2b **Utilise un calque pour reproduire le triangle ABC. Indique ensuite la nature de chacun des angles de ce triangle.**

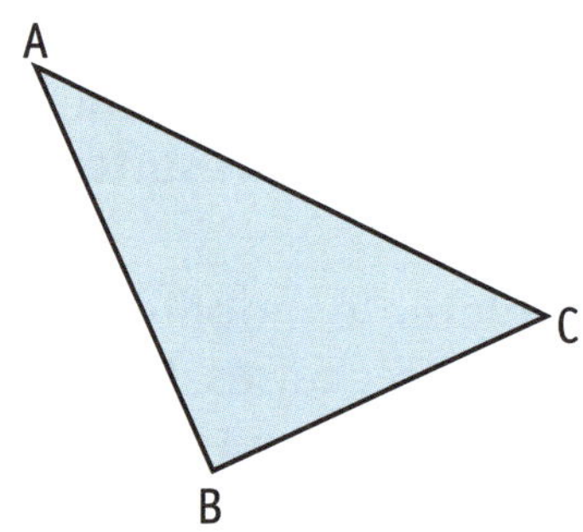

Très bien ☐ **Assez bien** ☐ **Pas assez bien** ☐

30 Les droites perpendiculaires

Je découvre et je retiens

1 Comment savoir si deux droites sont perpendiculaires ?

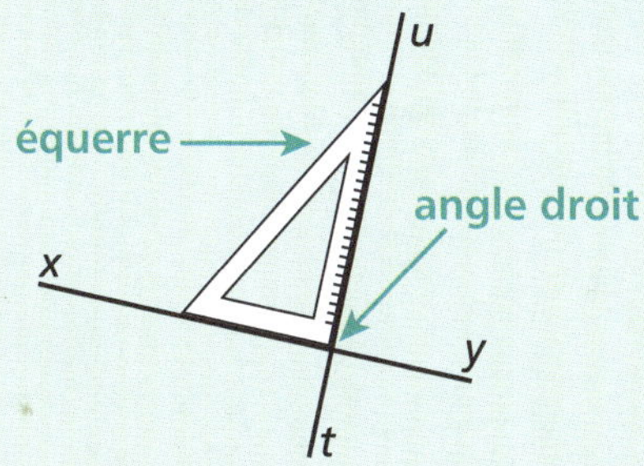

Si les deux droites sont perpendiculaires, elles se superposent aux côtés de l'angle droit de l'équerre.

xy ⊥ *ut*

2 Comment tracer la perpendiculaire à la droite *st*, passant par le point u ?

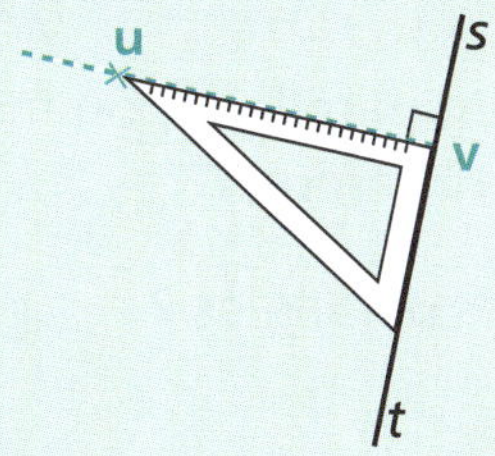

On pose l'équerre sur la droite *st*.

On la fait glisser jusqu'au point u.

On trace la droite passant par u.

uv ⊥ *st*

Je m'entraîne

1 **Indique les couples de droites perpendiculaires en utilisant le signe ⊥.**

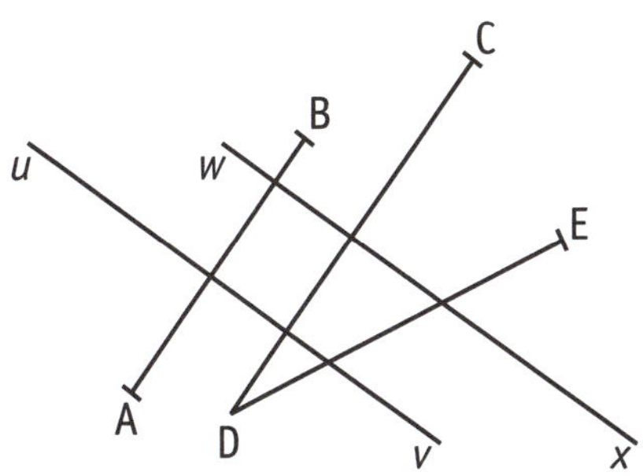

Exemple : AB ⊥ wx

....

....

....

....

....

2 **Trace les perpendiculaires à la droite (M) passant par chacun des points A, B, C, D et E.**

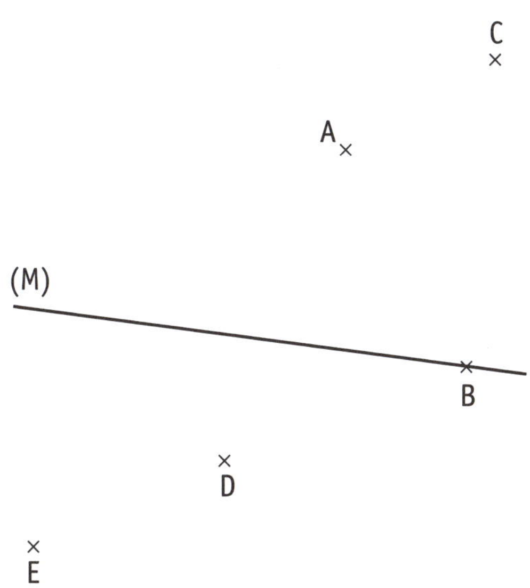

Très bien ☐ Assez bien ☐ Pas assez bien ☐

31 Les droites parallèles

Je découvre et je retiens

1 Comment savoir si deux droites sont parallèles ?

Deux droites parallèles ont partout le même écartement :

AD = BC = 2 cm donc *tu* // *xy*

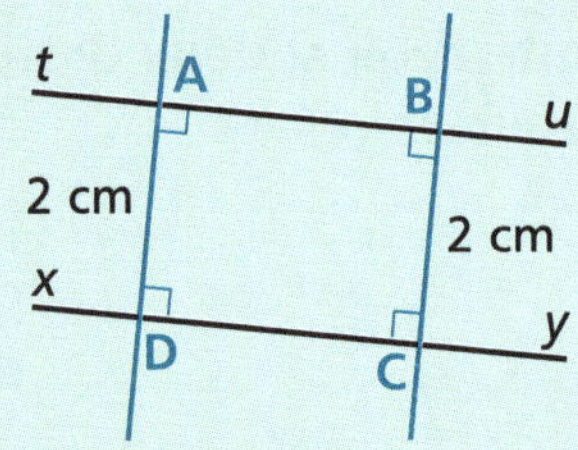

► Pour savoir si deux droites sont **parallèles**, on mesure la **distance** qui les sépare en deux endroits différents.

2 Comment tracer deux droites parallèles ?

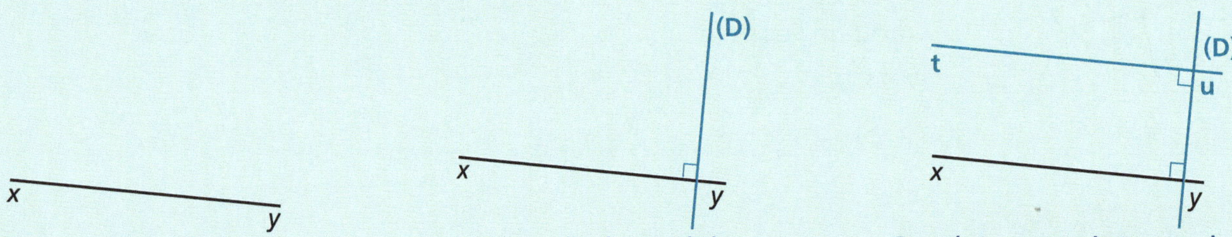

On trace une droite *xy*

On trace la droite (D) ⊥ *xy*

On place un point u sur la droite (D) puis on trace *tu* ⊥ (D).
On obtient *tu* // *xy*

► Deux droites **perpendiculaires** à une même droite sont **parallèles** entre elles.

Je m'entraîne

1a Trace la droite *fg* // *rs*, de telle façon que ces deux droites soient distantes de 2 cm.

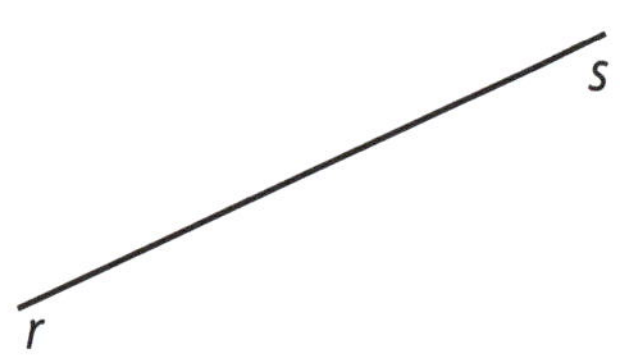

1b Sur la droite *xy*, indique deux points A et B distants de 5 cm. À partir de ces points, trace deux droites parallèles.

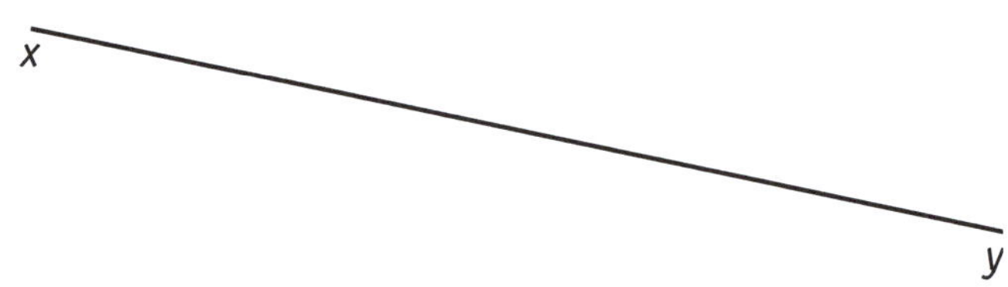

2 Trace une droite (Y).
Place deux points, A et B, sur cette droite.
Trace deux droites, (Y_1) et (Y_2), perpendiculaires à (Y), à partir des points A et B.
Que peut-on dire des droites (Y_1) et (Y_2) ?
Complète la phrase puis utilise le symbole.
Les droites (Y_1) et (Y_2) sont ____________
(Y_1) ____________ **(Y_2)**

Très bien ☐ Assez bien ☐ Pas assez bien ☐

32 La hauteur d'un triangle

Je découvre et je retiens

1 Qu'est-ce que la hauteur d'un triangle ?

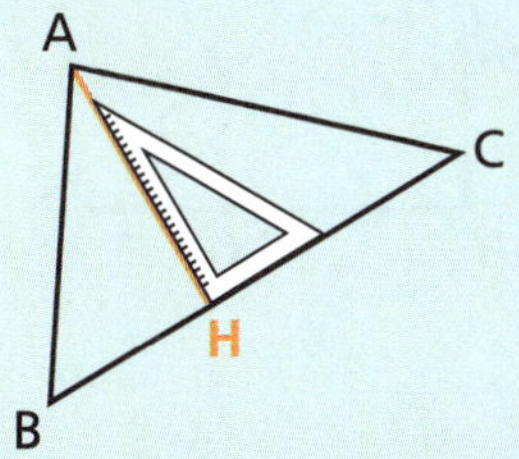

La hauteur AH est issue du sommet A et est perpendiculaire au côté BC.

▶ Dans un triangle, la **hauteur** est une droite qui passe par un **sommet** de ce triangle et qui est **perpendiculaire** au **côté opposé**.

2 Comment tracer la hauteur BE ?

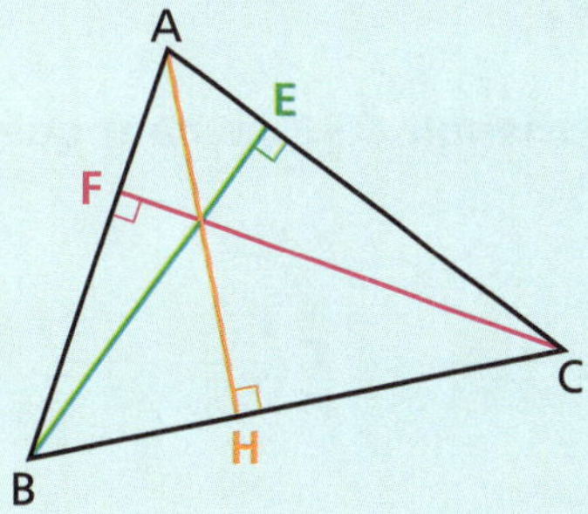

Pour tracer BE, on place le petit côté de l'équerre sur AC, on trace la perpendiculaire à AC passant par B.

AH est la hauteur du triangle issue de **A**.
BE est la hauteur du triangle issue de **B**.
CF est la hauteur du triangle issue de **C**.

Je m'entraîne

1a Nomme les hauteurs du triangle OPQ.

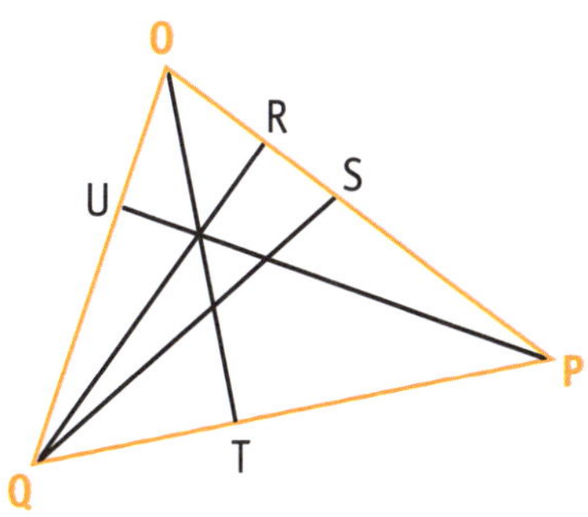

____
____
____
____
____
____

1b Nomme les hauteurs du triangle HIJ.

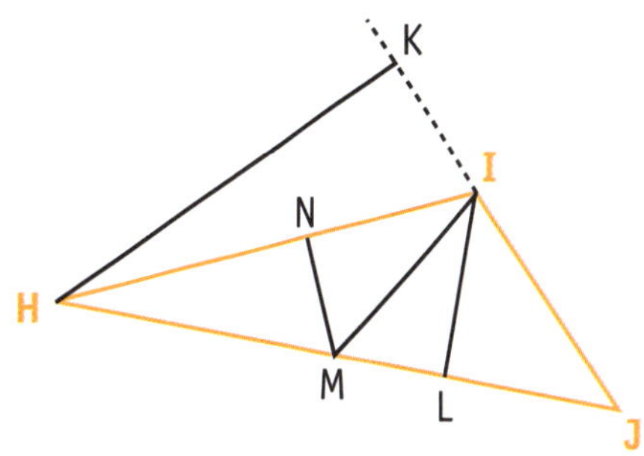

____
____
____
____
____
____

2 Trace les hauteurs TH_1 et UH_2 du triangle TUV, les hauteurs AH_1, BH_2 et CH_3 du triangle ABC et la hauteur DH du triangle BCD.

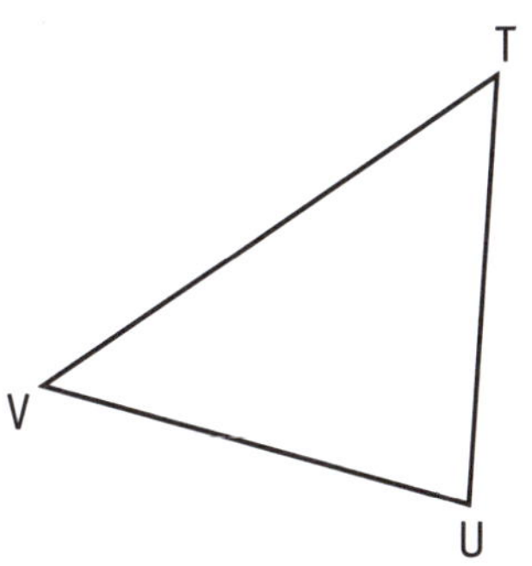

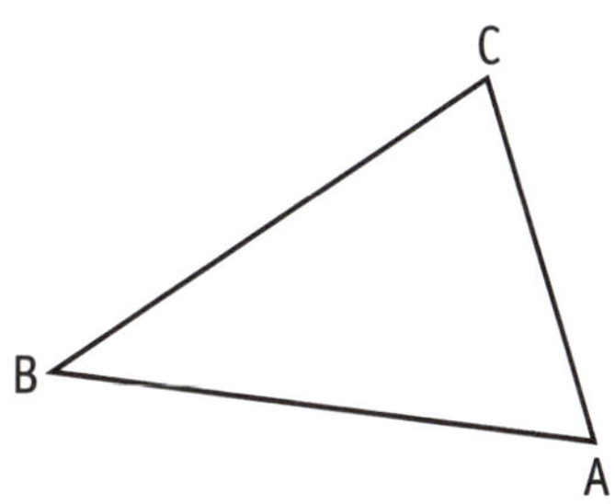

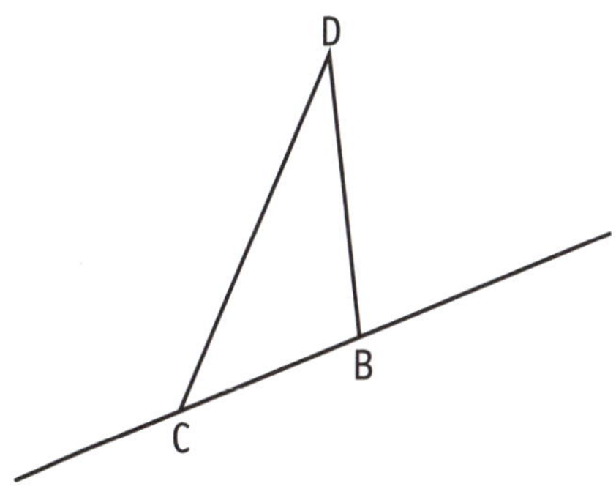

Très bien ☐ Assez bien ☐ Pas assez bien ☐

33 Reproduire des triangles

Je découvre et je retiens

1 Comment reproduire le triangle rectangle CDE ?

On trace l'angle $\widehat{D}$ avec une équerre puis on mesure CD = 2 cm et DE = 3 cm.

On relie les points C et E.

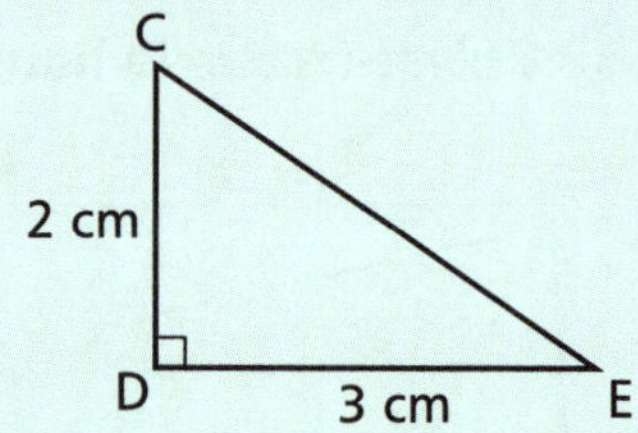

2 Comment construire un triangle ABC sachant que AB = 3 cm, BC = 4 cm et AC = 2 cm ?

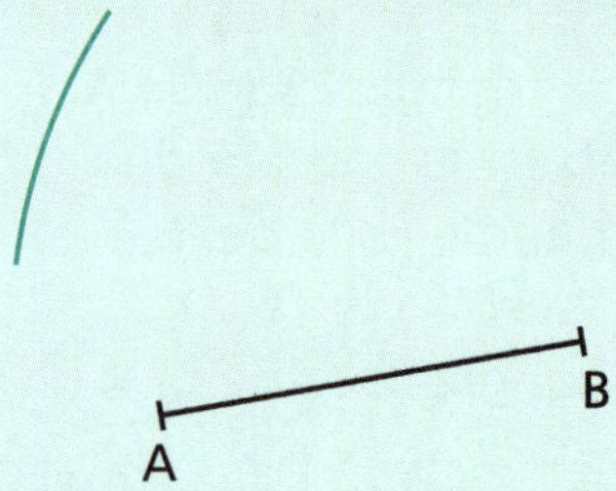

On trace AB = 3 cm.

On met la pointe du compas sur B et on trace un arc de cercle de rayon 4 cm (correspondant à BC).

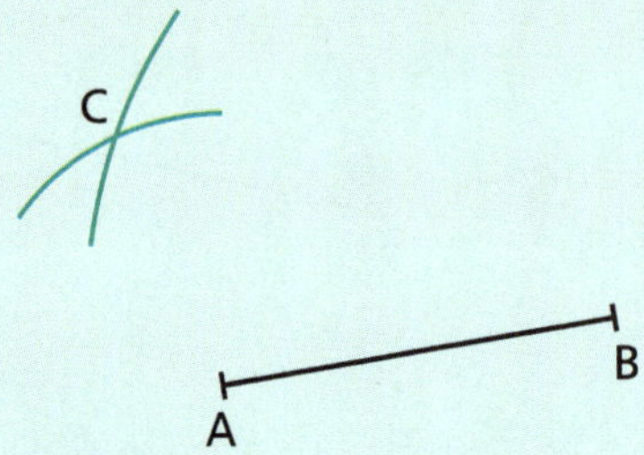

On met la pointe du compas sur A et on trace un arc de cercle de rayon 2 cm (correspondant à AC).

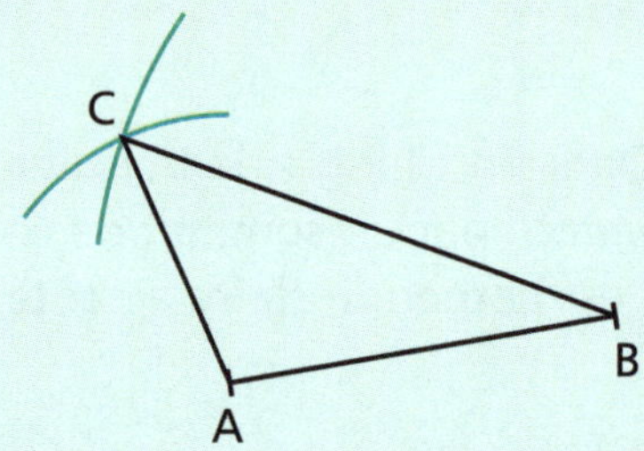

Le point d'intersection des deux arcs de cercle donne le point C.

Je m'entraîne

1 Reproduis le triangle rectangle DEF.

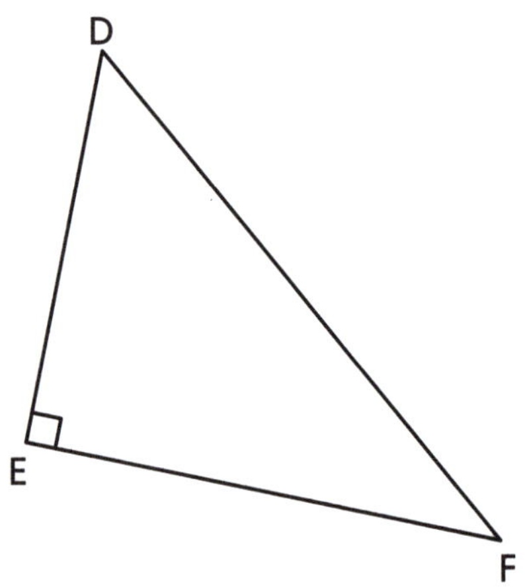

2 Construis un triangle quelconque ABC tel que AB = 6 cm, AC = 4 cm et BC = 5 cm.

3 Sur une feuille séparée, construis le triangle isocèle (2 côtés égaux) ABC de telle sorte que AB = AC = 4,5 cm.

4 Sur une feuille séparée, dessine le triangle équilatéral (3 côtés égaux) DEF de telle sorte que chaque côté mesure 4 cm.

Très bien ☐ Assez bien ☐ Pas assez bien ☐

34 Vérifier la nature d'une figure plane

Je découvre et je retiens

Comment distinguer un rectangle, un carré et un losange ?

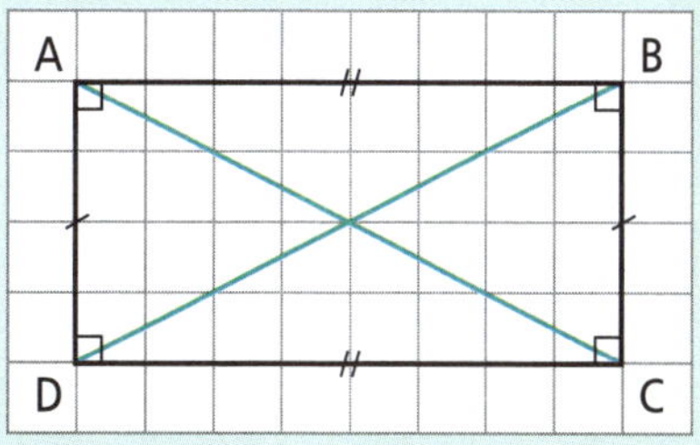

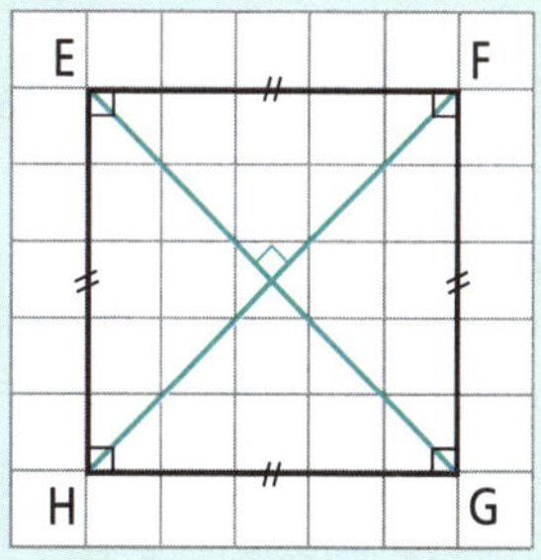

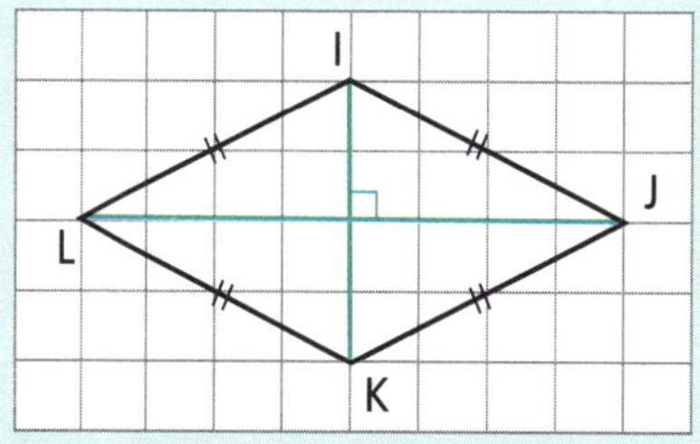

1 AB = DC et AD = BC
Angles A, B, C et D droits
▶ Un **rectangle** a **4** angles droits, **2** longueurs égales, **2** largeurs égales et **2** diagonales égales.

2 EF = FG = GH = HE
Angles E, F, G et H droits
▶ Un **carré** a **4** angles droits, **4** côtés égaux et **2** diagonales égales et perpendiculaires.

3 IJ = JK = KL = LI
Angles I, J, K, L non droits
▶ Un **losange** a **4** côtés égaux mais pas d'angle droit. Ses **2** diagonales sont perpendiculaires.

Je m'entraîne

Utilise ta règle graduée et ton équerre puis complète les phrases.

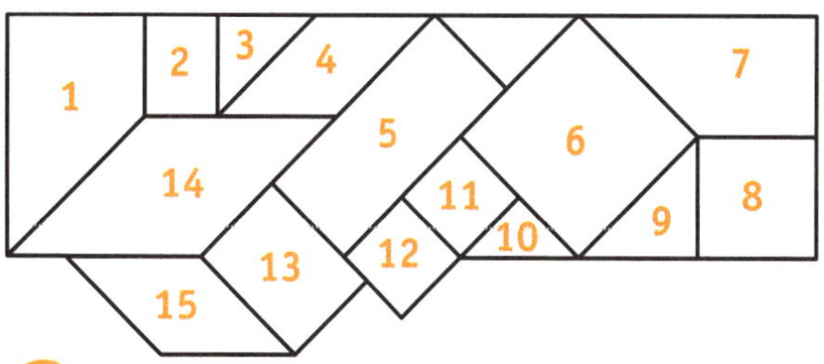

1 Les rectangles sont les figures : ....

2 Les carrés sont les figures : ....

3 Les losanges sont les figures : ....

4 **Retrouve les formes géométriques qui composent ce dessin. Justifie tes réponses.**

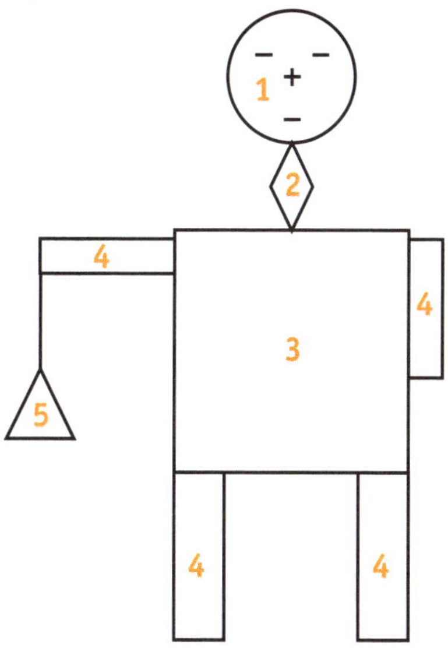

1. ....

2. ....

3. ....

4. ....

5. ....

Très bien ☐ Assez bien ☐ Pas assez bien ☐

35 Le cube

Je découvre et je retiens

1 Comment décrire un cube ?

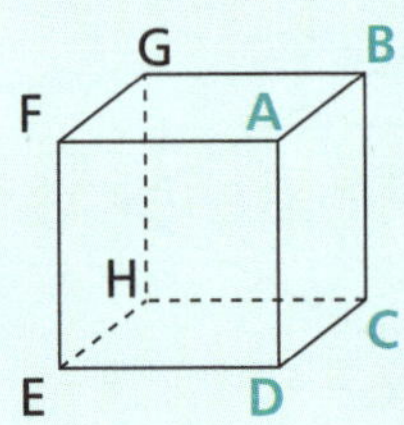

A est un **sommet**.
AB est une **arête**.
ABCD est une **face carrée**.
Les arêtes non visibles sont tracées en pointillés.

▶ Le **cube** a **6** faces carrées, **8** sommets et **12** arêtes.

2 Comment représenter un cube ?

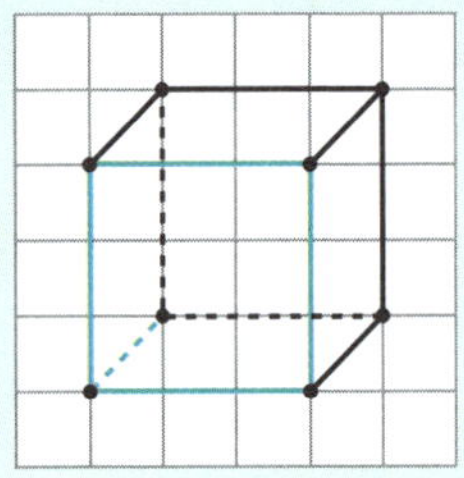

On dessine facilement un cube sur du papier quadrillé, **en joignant** les points représentant les **sommets**.

▶ Le cube est un **volume** : on le représente en **perspective**.

Je m'entraîne

1 **Dans le cube ci-contre, nomme :**

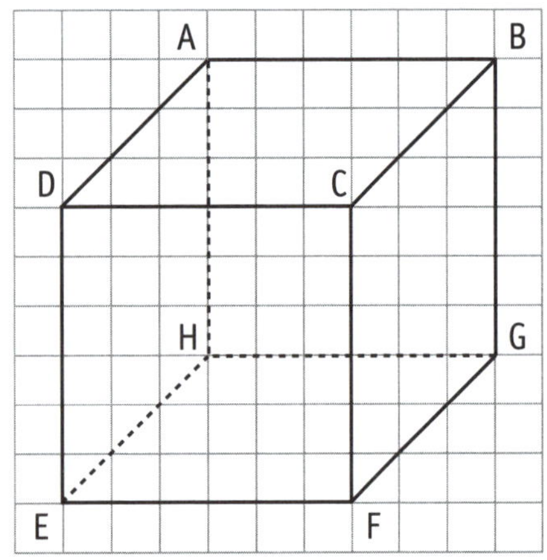

1. les 6 faces : ……………………………………………………

……………………………………………………………………

2. les 12 arêtes : ……………………………………………………

……………………………………………………………………

3. les 8 sommets : ……………………………………………………

……………………………………………………………………

2 **Termine la représentation de chacun de ces deux cubes.**

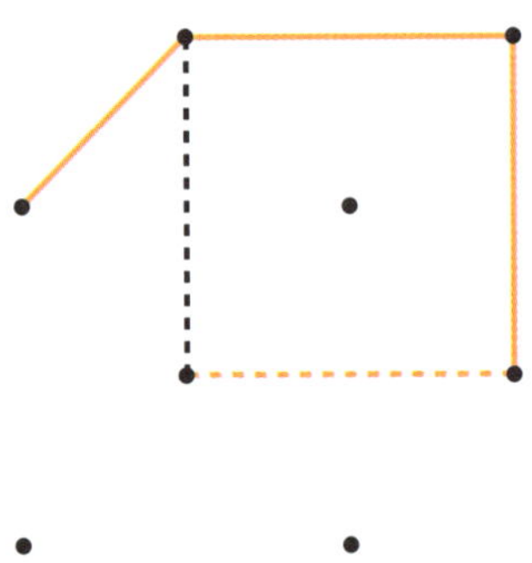

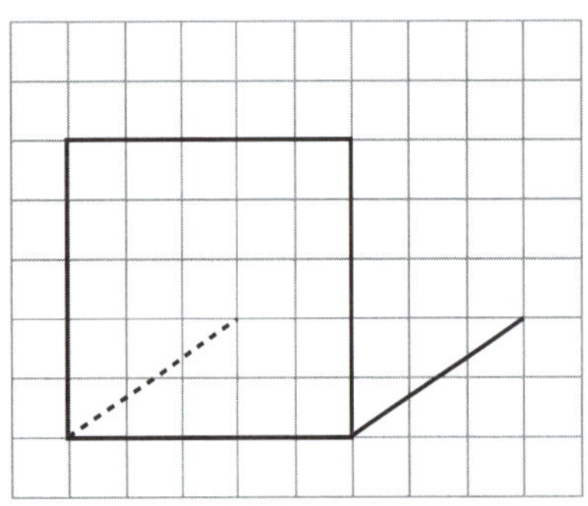

Très bien ☐ Assez bien ☐ Pas assez bien ☐

36 Le pavé

Je découvre et je retiens

1 Comment décrire un pavé ?

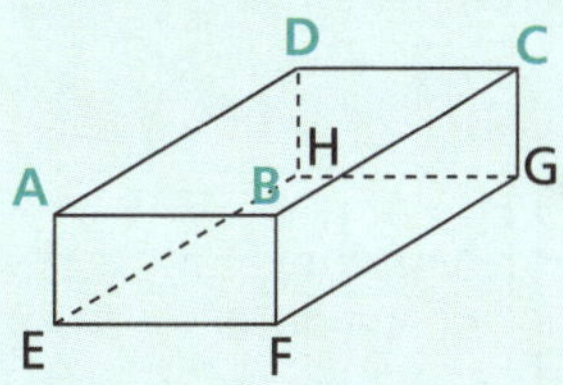

A est un **sommet**.

AB est une **arête**.

ABCD est une **face**.

Les arêtes non visibles sont tracées en pointillés.

▶ Le **pavé** a **6** faces rectangulaires (**2** peuvent être aussi des carrés), **8** sommets et **12** arêtes.

2 Comment représenter un pavé ?

On dessine facilement un pavé sur du papier quadrillé **en joignant** les points représentant les **sommets**.

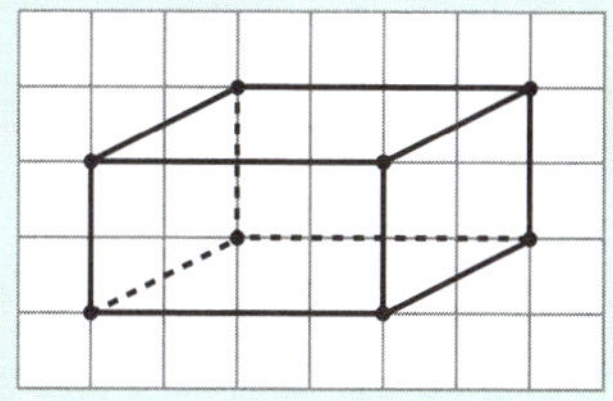

▶ Le pavé est un **volume** ; on le représente en **perspective**.

Je m'entraîne

1 Dans le pavé ci-contre, nomme :

1. les 6 faces : ______________________________

____

2. les 12 arêtes : ______________________________

____

3. les 8 sommets : ______________________________

____

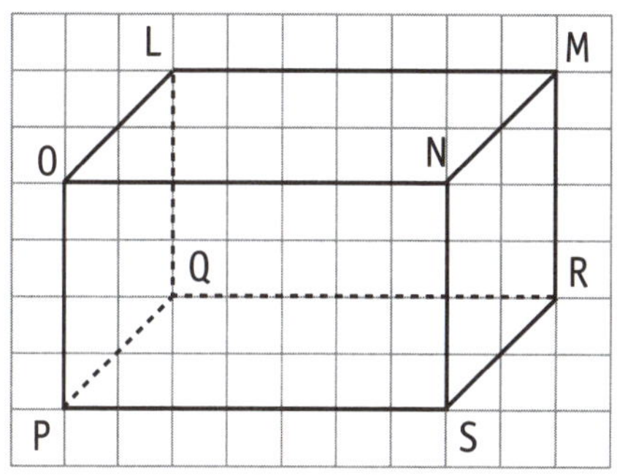

2 Termine la représentation de chacun de ces deux pavés.

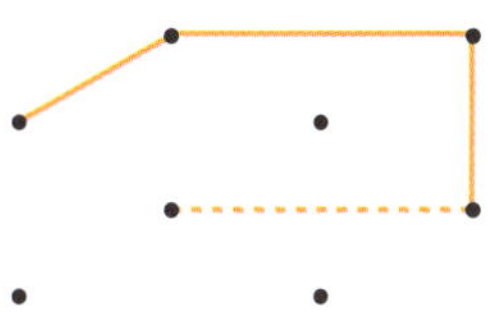

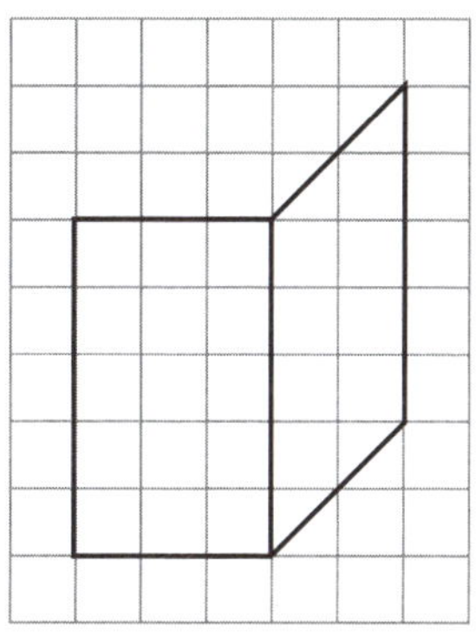

Très bien ☐ Assez bien ☐ Pas assez bien ☐

37 Le cylindre

Je découvre et je retiens

1 Qu'est-ce qu'un cylindre ?

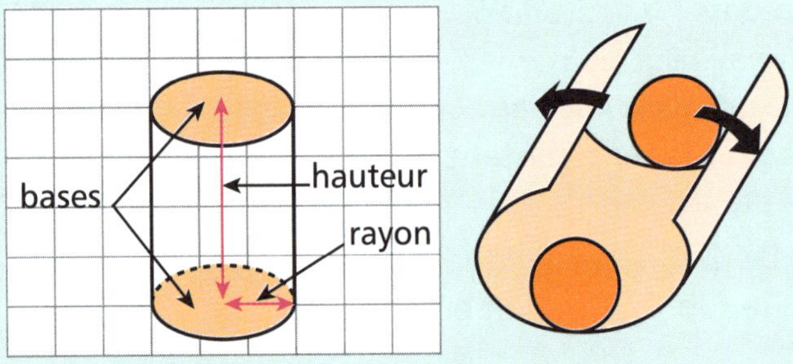

▶ Le **cylindre** est un solide constitué de **deux bases** identiques et parallèles qui sont des **disques** et d'une **face courbe** qui correspond à un **rectangle**.

2 Comment construire un cylindre ?

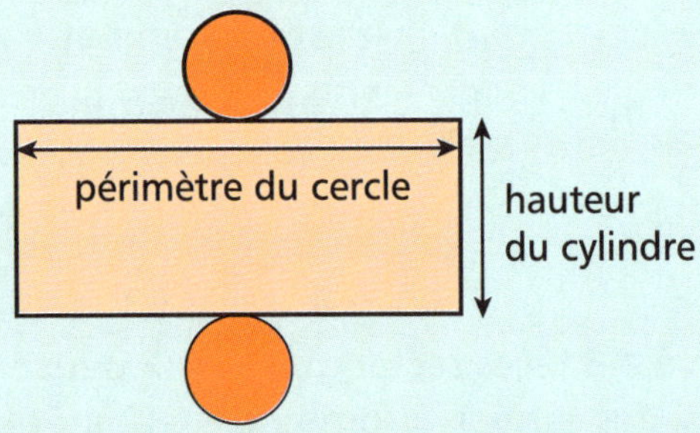

▶ Le **patron** d'un cylindre (son développement mis à plat) est constitué de **deux disques** et d'un **rectangle**. La **largeur** du rectangle correspond à la **hauteur** du cylindre et la **longueur** est égale au périmètre du **cercle**.

Je m'entraîne

1 Barre les figures qui ne sont pas des cylindres. Colorie ensuite les bases des cylindres en bleu, trace leur rayon en noir et leur hauteur en rouge.

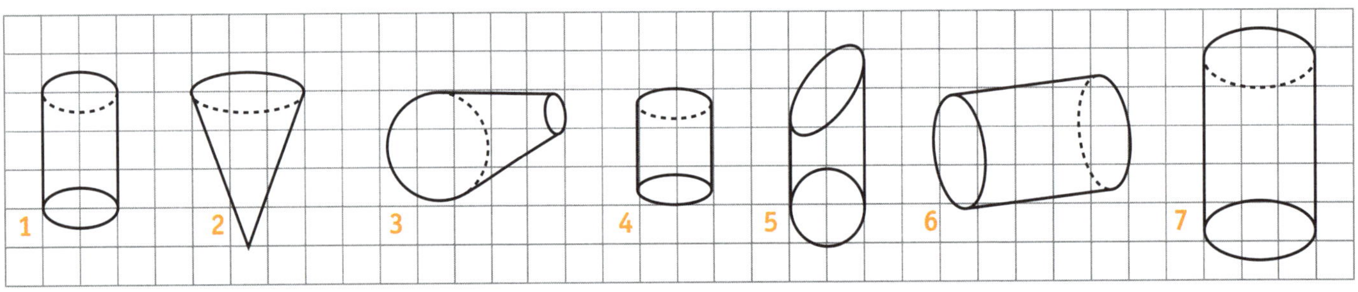

2 Reproduis ces deux patrons sur papier quadrillé et complète-les. Découpe le plus grand, puis avec du ruban adhésif, construis une boîte cylindrique.

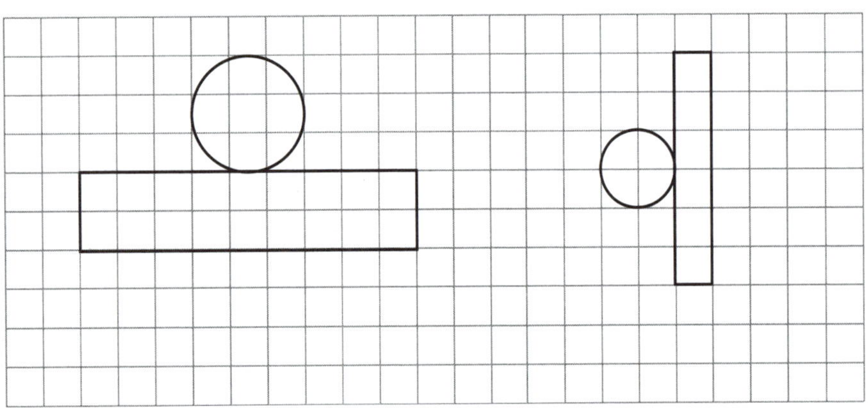

Très bien ☐ Assez bien ☐ Pas assez bien ☐

38 Le prisme droit

Je découvre et je retiens

1 Quelles sont les propriétés d'un prisme droit à base triangulaire ?

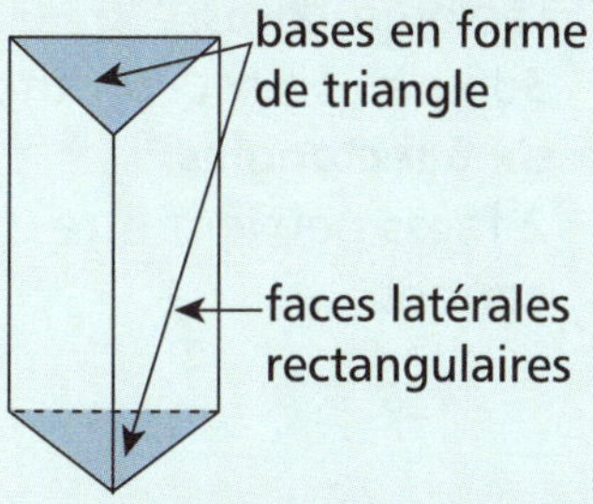

▶ Un **prisme droit à base triangulaire** est un **solide** dans lequel les **deux bases** sont deux **triangles** identiques et parallèles.

▶ Les **3 faces latérales** sont des **rectangles**. Il a **9 arêtes**.

2 Comment construire ce prisme ?

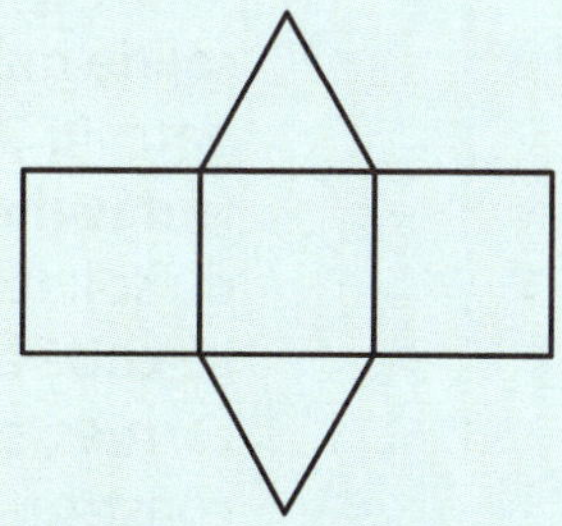

▶ Pour construire un prisme droit à base triangulaire, il faut d'abord dessiner son **patron**.

Je m'entraîne

1 **Nomme les arêtes, les bases et les faces de ce prisme. Précise la forme des bases et des faces.**

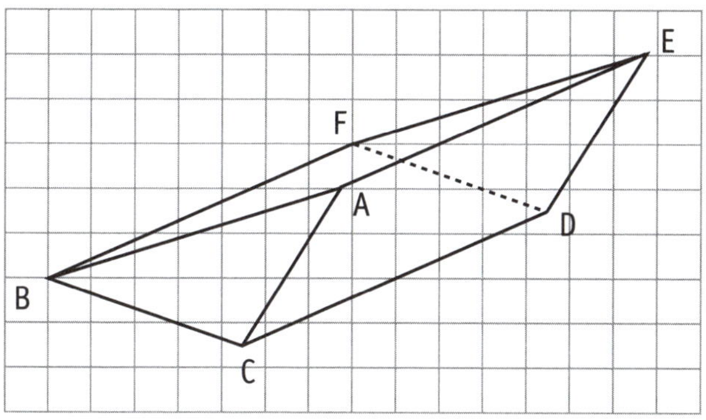

Arêtes :

Bases :

Faces :

2 **Complète ces deux patrons de prisme.**

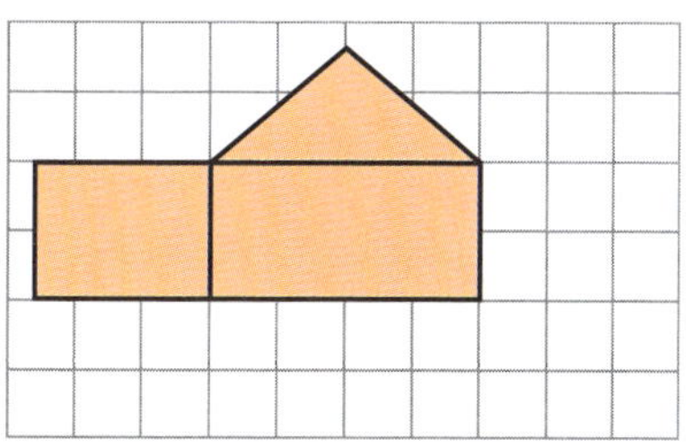

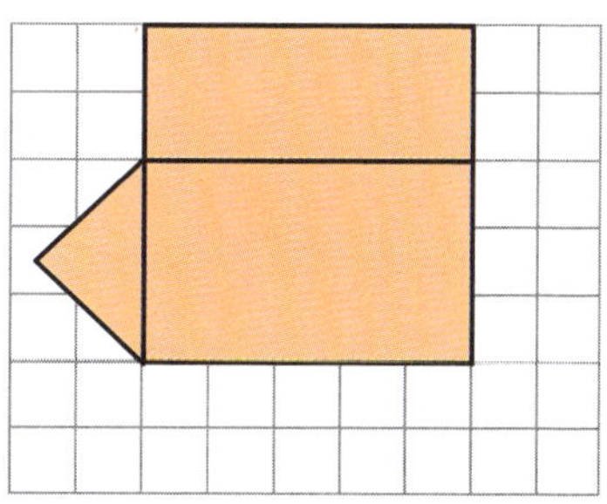

Très bien ☐ Assez bien ☐ Pas assez bien ☐

39 Les patrons de solides droits

Je découvre et je retiens

1 Comment construire un cube ?

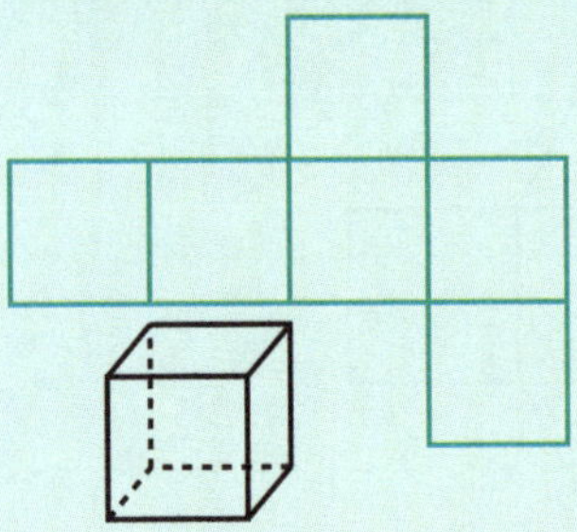

▶ On construit un solide grâce à son patron. Un patron est le **développement** du solide **mis à plat**. Le **cube** a 6 faces carrées, son patron est constitué de **6 carrés**.

2 Comment construire un pavé ?

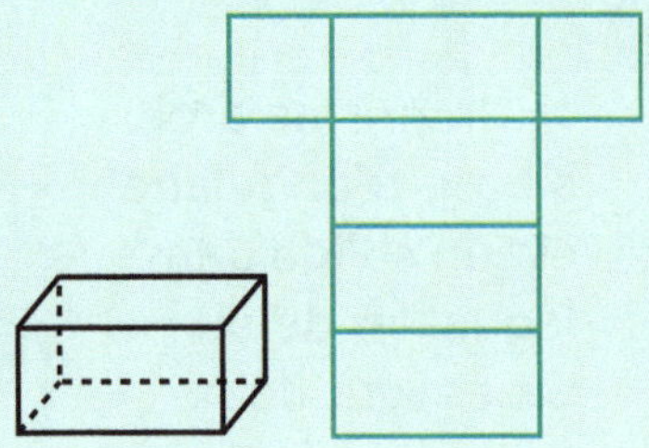

▶ Le **pavé** a 6 faces rectangulaires. Son patron est constitué de **6 rectangles**. **2 faces** peuvent être carrées.

Je m'entraîne

1 **Trois de ces patrons correspondent à un cube. Entoure-les.**

1. 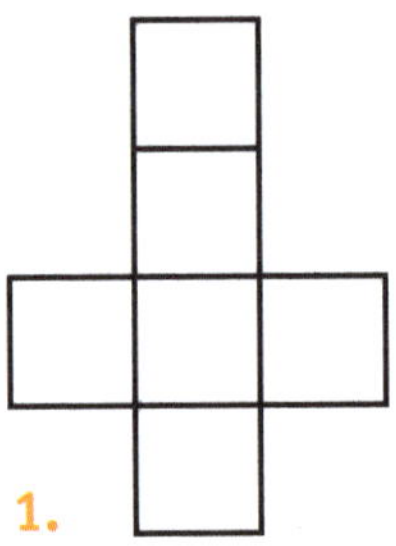

2. 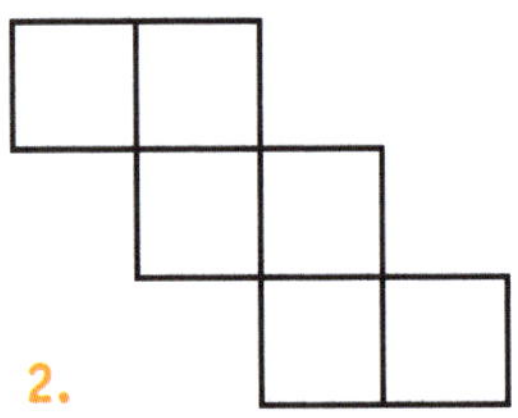

3. 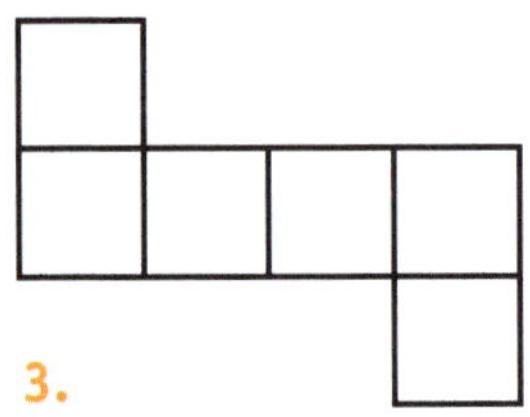

4. 

2 **Reproduis cette figure sur une feuille, complète-la pour obtenir le patron d'un pavé. Découpe-le et construis le pavé.**

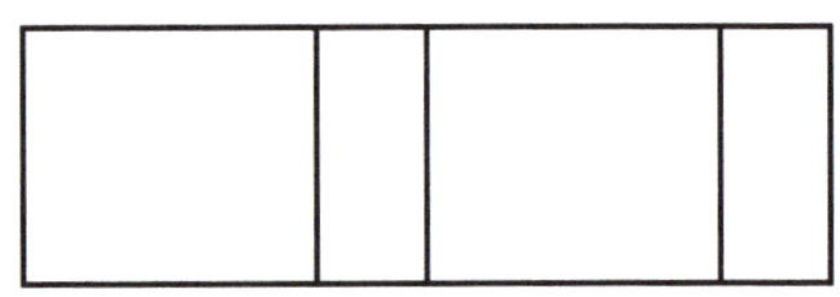

3 **Relie par des flèches chaque solide à son patron.**

1. 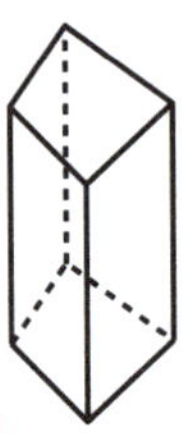

2. 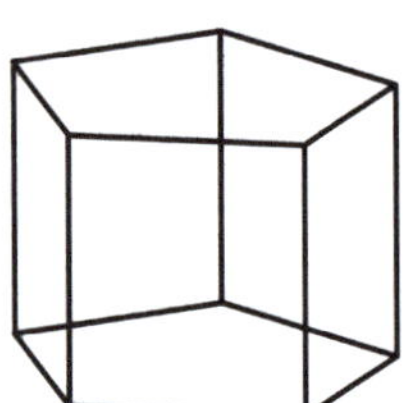

3. 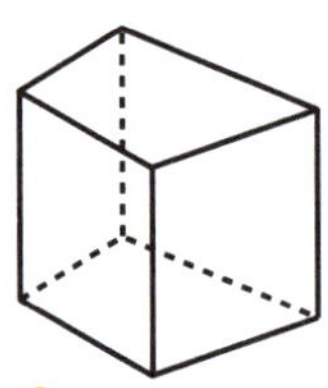

4. 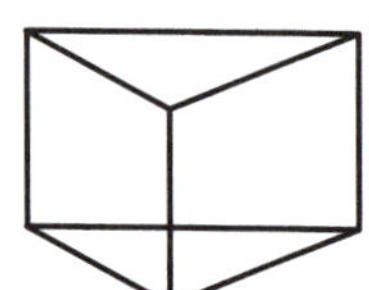

a. 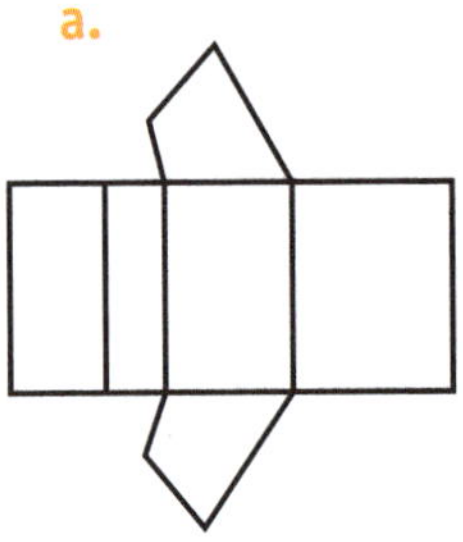

b. 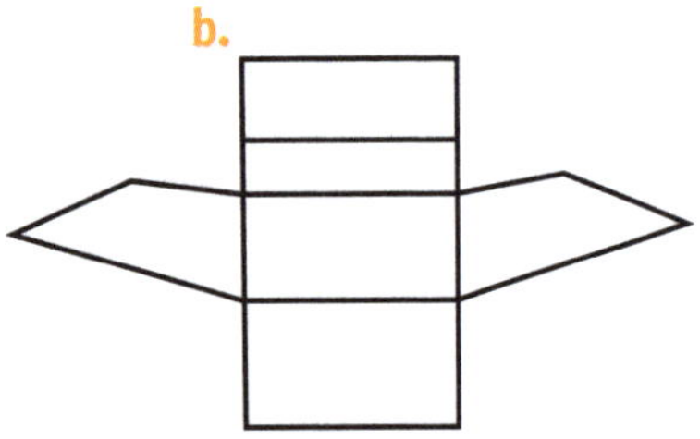

c. 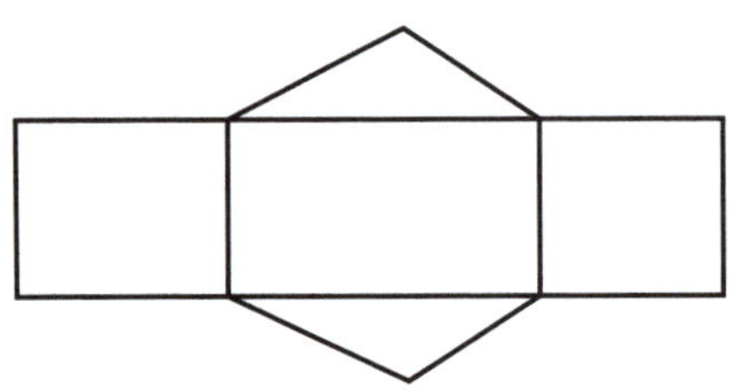

d. 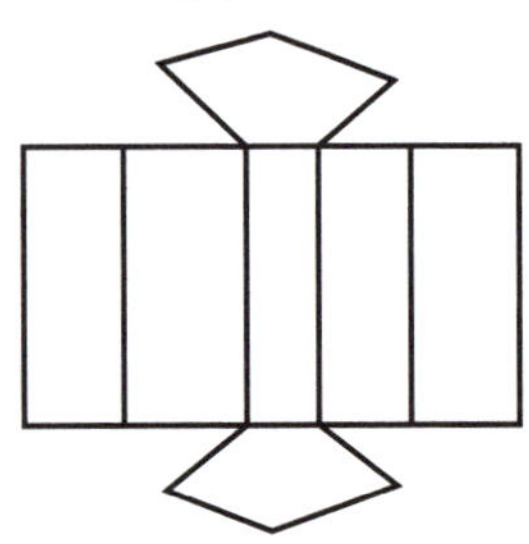

As-tu réussi tes exercices ?

Très bien ☐ Assez bien ☐ Pas assez bien ☐

40 Tracer des figures

Je découvre et je retiens

1 Comment tracer une figure sur du papier quadrillé ?

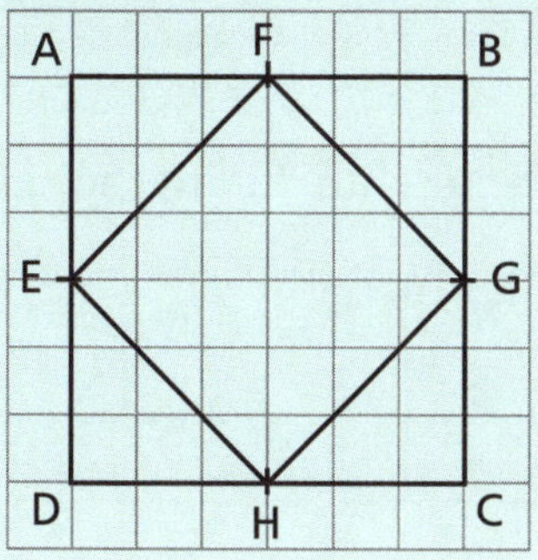

Trace un carré ABCD de 6 carreaux de côté.
Indique les milieux E, F, G et H de chacun des côtés du carré.
Trace le carré EFGH.

► On suit les consignes dans l'ordre et on utilise les **lignes du quadrillage**.

2 Comment tracer une figure sur du papier uni ?

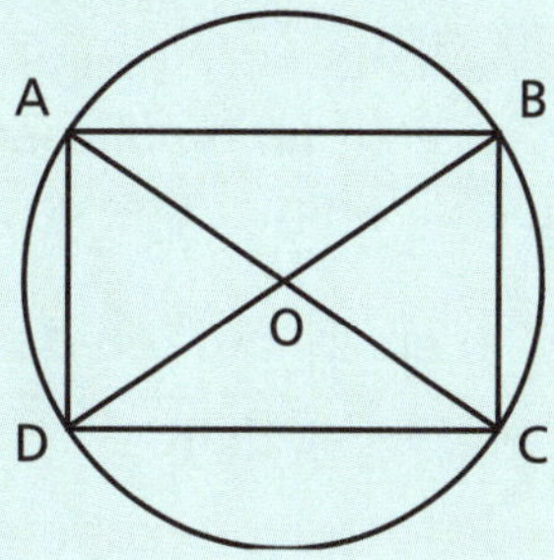

Trace un cercle de centre O et de diamètre AC.
Trace un autre diamètre BD.
Trace le rectangle ABCD.

► Sur du papier uni, on utilise les outils nécessaires (**règle graduée, équerre, compas**).

Je m'entraîne

1 Trace sur le quadrillage la figure qui correspond au programme de construction suivant.

1. Trace un rectangle ABCD de 16 carreaux de longueur et 12 carreaux de largeur.
2. Trace les diagonales du rectangle.
3. Marque le milieu E, F, G et H de chacun des côtés du rectangle.
4. Relie les points EFGH ; tu obtiens un losange.
5. Trace les diagonales de ce losange.

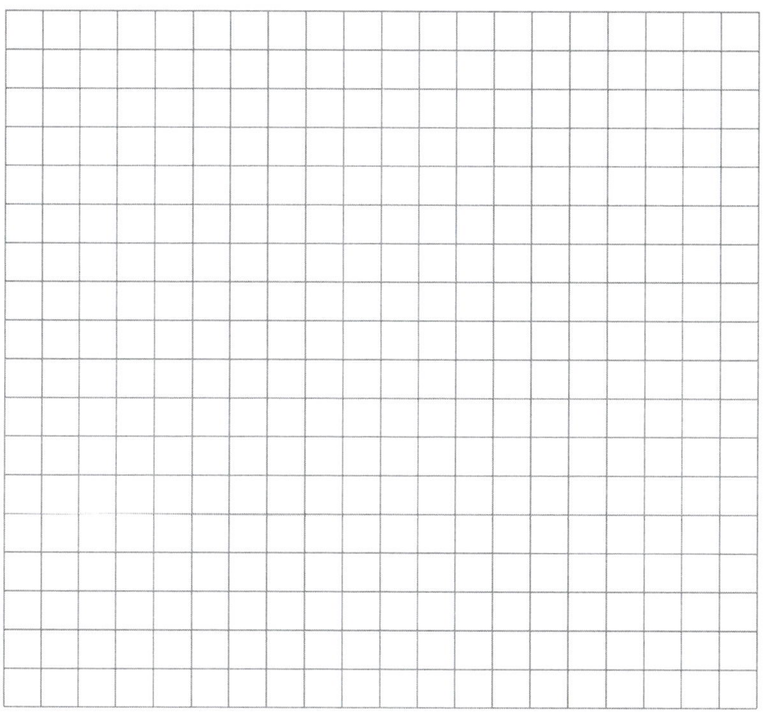

2 Trace la figure qui correspond au programme de construction suivant.

1. Trace un cercle de centre O et de diamètre AB = 6 cm.
2. Trace le diamètre CD $\perp$ AB.
3. Trace le carré ACBD.
4. Indique le milieu de chacun des côtés du carré ; trace les diamètres passant par ces points ; ils coupent le cercle aux points E, F, G, H.
5. Trace un octogone en joignant tous les points situés sur le cercle.

Très bien ☐ Assez bien ☐ Pas assez bien ☐

41 Les longueurs

Je découvre et je retiens

1 Comment convertir 148 cm en mm puis en m ?

148 cm = 1 480 mm ; 148 cm = 1,48 m

km	hm	dam	m	dm	cm	mm
			1	4	8	**0**
			1,	4	8	

▶ Pour convertir une mesure de longueur exprimée sous la forme d'un **nombre entier**, on écrit **un ou plusieurs zéros** jusqu'à l'unité demandée ou on met **une virgule** à la droite du chiffre qui représente l'unité choisie.

2 Comment convertir 105,3 m en cm puis en dam ?

105,3 m = 10 530 cm ; 105,3 m = 10,53 dam

km	hm	dam	m	dm	cm	mm
	1	0	5	3	**0**	
	1	0,	5	3		

▶ Pour convertir une mesure de longueur exprimée sous la forme d'un **nombre décimal**, on **déplace la virgule** à la droite du chiffre qui représente l'unité demandée et **on écrit ou on supprime des zéros** si nécessaire.

Je m'entraîne

1 En t'aidant du tableau, effectue les conversions demandées.

	km	hm	dam	m	dm	cm	mm
1.							
2.							
3.							

25 dm = ... **cm**

4 410 cm = ... **dm**

2 680 m = ... **km**

2 En t'aidant du tableau, effectue les conversions demandées.

	km	hm	dam	m	dm	cm	mm
1.							
2.							

71,4 dm = ... **mm**

0,6 m = ... **cm**

3 Complète en indiquant l'unité.

1. 24 km = 240 ....
2. 7,32 hm = 732 ....
3. 0,32 m = 320 ....
4. 8,3 dm = 830 ....
5. 4 600 m = 4,6 ....
6. 5 700 mm = 0,57 ....

4 Le pas d'Anaïs mesure 60 cm. La fillette compte 430 pas pour se rendre à l'école. Elle fait le trajet quatre fois par jour. **Calcule en m puis en km la distance qu'elle parcourt en un jour.**

Opération :

Conversions :

Phrase-réponse : ....

Très bien ☐ **Assez bien** ☐ **Pas assez bien** ☐

42 Les masses

Je découvre et je retiens

1 Comment construire le tableau des unités de masse ?

t	q	–	kg	hg	dag	g	dg	cg	mg
1	0	0	0						
	1	0	0						
2,	8								
2	8	0	0						
	1	2	8						
	1,	2	8						

1 t (tonne) = 1 000 kg

1 q (quintal) = 100 kg

La colonne qui correspond aux dizaines de kg n'a pas de nom.

▶ Dans le tableau des unités de masse, il ne faut pas oublier la colonne entre les quintaux (q) et les kg.

2 Comment convertir 2,8 t en kg et 128 kg en q ? 2,8 t = 2 800 kg ; 128 kg = 1,28 q

▶ On place la **virgule** à la **droite** de l'**unité choisie** ; on écrit ou on supprime un ou plusieurs **zéros** si nécessaire.

Je m'entraîne

1 Utilise le tableau pour faire les conversions.

	t	q	–	kg	hg	dag	g	dg	cg	mg
1.										
2.										
3.										
4.										
5.										
6.										

1,450 kg = ... g

32 g = ... cg

0,345 t = ... kg

2,45 hg = ... g

324 g = ... dag

730 kg = ... q

2 Écris l'unité manquante.

1. 154 q = 15,4 ....
2. 9,7 t = 9 700 ....
3. 74 kg = 0,74 ....
4. 324 kg = 3,24 ....
5. 2 860 kg = 28,6 ....
6. 310 cg = 3 100 ....

3 Pour Noël, une grand-mère envoie un colis à sa petite-fille. Elle y met une poupée qui pèse 350 g, un dictionnaire de 1,245 kg et une boîte de chocolats de 4,5 hg. L'emballage vide pèse 20,3 dag.
Quelle est en kg la masse totale du colis ?

Opération :

Conversions et phrase-réponse :

....

....

....

Très bien ☐ Assez bien ☐ Pas assez bien ☐

43 Le périmètre du rectangle et du carré

Je découvre et je retiens

1 Quel est le périmètre du rectangle représenté ?

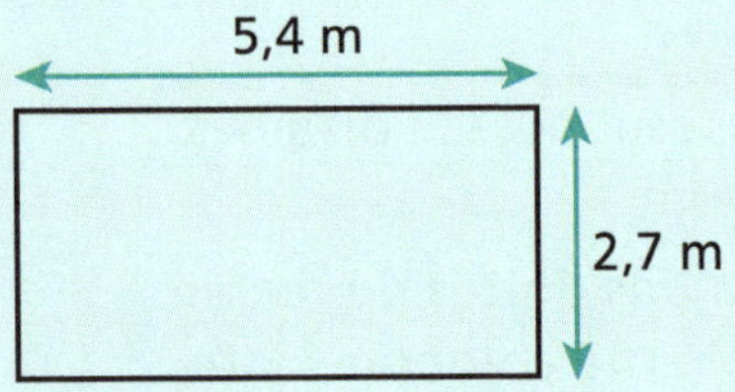

(5,4 + 2,7) × 2 =
8,1 × 2 = 16,2
Le périmètre du rectangle est de 16,2 m.

► **Périmètre du rectangle =**
(Longueur + largeur) × 2 = (L + l) × 2

2 Quel est le périmètre du carré représenté ?

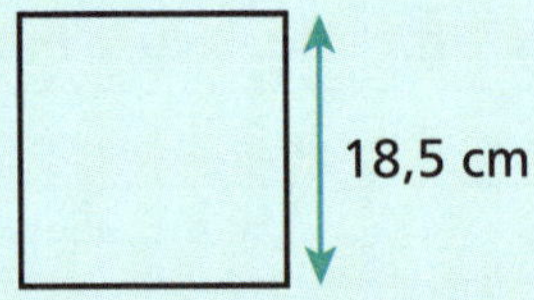

18,5 × 4 = 74
Le périmètre du carré est de 74 cm.

► **Périmètre du carré** = côté × 4 = c × 4

Je m'entraîne

1 **Complète le tableau.**

Rectangle	1.	2.	3.	4.	5.
largeur	15 cm	35 m	53 cm	0,9 dam	2 hm
Longueur	22 cm	50 m	92 cm	1,5 dam	4,6 hm
L + l	37 cm	____ m	____ cm	____ dam	____ hm
Périmètre	74 cm	____ m	____ cm	____ dam	____ hm

2 **Complète le tableau.**

Carré	1.	2.	3.	4.	5.
Côté	32 cm	4,4 dm	245 m	0,70 hm	25 mm
Périmètre	____ cm	____ dm	____ m	____ hm	____ mm

3 Un rectangle et un carré ont le même périmètre. Le rectangle mesure 10 cm de longueur et 82 mm de largeur. **Quelle est la mesure du côté du carré ?**

Conversion :

Opérations :

Phrase-réponse : ____________________

Très bien ☐ Assez bien ☐ Pas assez bien ☐

44 Le périmètre du cercle

Je découvre et je retiens

1 Comment tracer un cercle ? Qu'est-ce qu'un rayon ? un diamètre ?

Un cercle se trace avec un **compas** à partir de son centre. L'ouverture du compas est égale au rayon.

OA est un rayon ; BC est un diamètre.

▶ **Diamètre = rayon** × 2 ; D = R × 2.

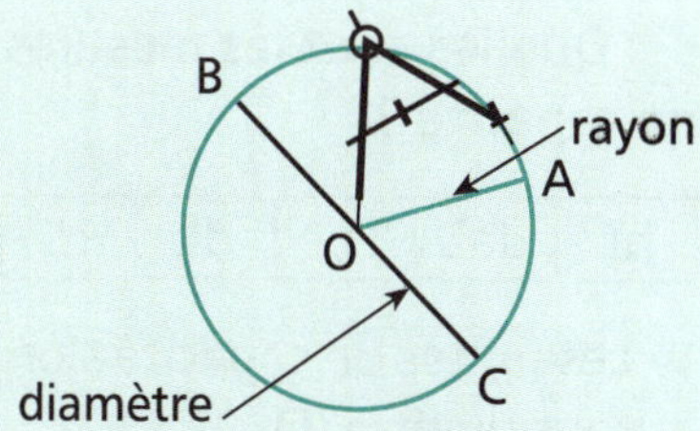

2 Quel est le périmètre d'un cercle ayant un diamètre de 5 cm ?

5 × 3,14 = 15,7

Le **périmètre** est égal à 15,7 cm.

▶ P = D × **3,14** ou P = (R × 2) × **3,14**

Je m'entraîne

1 **Trace un cercle de centre O et de rayon 3 cm.**

Trace un autre cercle de même centre O et de diamètre 4 cm.

2 **Complète le tableau.**

cercle	1.	2.	3.
Rayon	50 m	23 cm	
Diamètre			40 mm
Périmètre			

3a **Quel est le périmètre d'une roue de vélo mesurant 50 cm de diamètre ? Combien doit-on faire de tours de roue pour parcourir la distance de 3,14 km ?**

Opérations :

Conversion :

Phrase-réponse : ____________________

3b **Sur une feuille de papier cartonné, trace trois cercles de rayon 5 cm, 8 cm et 10 cm. Découpe-les puis avec un morceau de ficelle, mesure le tour de chaque cercle et complète le tableau. Utilise ta calculatrice.**

	Rayon R en cm	Diamètre D en cm	Périmètre P en cm	Quotient P : D
Cercle 1	5			
Cercle 2	8			
Cercle 3	10			

Compare les résultats de la colonne de droite.
De quel nombre se rapprochent-ils ?

____

____

Très bien ☐ **Assez bien** ☐ **Pas assez bien** ☐

45 Les capacités

Je découvre et je retiens

1 Quelles sont les mesures de capacité ?

hL	daL	L	dL	cL	mL

► Les unités de **capacité** s'organisent autour du **litre** (**L**).
Les sous-multiples sont le décilitre (**dL**), le centilitre (**cL**) et le millilitre (**mL**).
Les multiples sont le décalitre (**daL**) et l'hectolitre (**hL**).

2 Comment convertir 1,5 dL en mL puis 28 daL en L ?

hL	daL	L	dL	cL	mL
			1,	5	
			1	5	**0**
2	8				
2	8	**0**			

1,5 dL = 150 mL
et 28 daL = 280 L

► On place la **virgule** à la droite de l'unité choisie et l'on écrit ou l'on supprime un ou plusieurs **zéros** si nécessaire.

Je m'entraîne

1 Réponds aux questions en écrivant les unités sous la forme de leur symbole.

Exemple : litre = L

Quelle unité est :

- 100 fois plus grande que le litre ? ________
- 10 fois plus petite que le litre ? ________
- 10 fois plus petite que le centilitre ? ________
- 1 000 fois plus grande que le millilitre ? ________

2a À l'aide du tableau, effectue les conversions.

1. 5,2 L = ________ dL
2. 0,82 L = ________ cL
3. 782 L = ________ hL

	hL	daL	L	dL	cL	mL
1.						
2.						
3.						

2b Écris l'unité manquante.

1. 9,6 L = 960 ________
2. 34,6 cL = 3,46 ________
3. 0,31 L = 31 ________
4. 0,9 L = 90 ________
5. 4 cL = 40 ________
6. 160 cL = 16 ________

3 Un éleveur transforme le lait de ses vaches en fromage. Il lui faut 9 L de lait pour faire 1 kg de fromage. **Quelle quantité de fromage fabrique-t-il avec 135 hL de lait ?**

Conversion :

Opération :

Phrase-réponse : ________________________________

Très bien ☐ Assez bien ☐ Pas assez bien ☐

46 Les mesures d'aire

Je découvre et je retiens

1 Comment construire le tableau des unités d'aire ?

km²		hm²		dam²		**m²**		dm²		cm²		mm²	
1	2,	6											
1	2	6	0										
								3	6	1	0		
							0,	3	6	1	0		

► Dans le tableau des unités d'aire, on met **deux colonnes par unité**.

2 Comment convertir 12,6 km² en hm² et 3 610 cm² en m² ?

12,6 km² = 1 260 hm²

3 610 cm² = 0,3610 m²

► On place la **virgule** à la droite du chiffre qui représente l'unité choisie et on écrit ou on supprime un ou plusieurs **zéros** si nécessaire.

Je m'entraîne

1 Utilise le tableau pour faire les conversions.

6 cm² = ______________ mm²

2,5 m² = ______________ dm²

2 520 mm²= ______________ cm²

25 000 cm² = ______________ dm²

km²													

2 Écris l'unité manquante.

2 580 dm² = 25,8 ______________

3 050 mm² = 30,5 ______________

1,25 dm² = 125 ______________

3 Une agence immobilière propose trois terrains constructibles à la vente.

Lot 1 : 1 435 m²

Lot 2 : 0,1498 hm²

Lot 3 : 15 dam² 91 m²

Convertis toutes ces mesures d'aire dans la même unité pour classer ces terrains du plus grand au plus petit :

____

Conversions :

Phrase-réponse : ____

Très bien ☐ Assez bien ☐ Pas assez bien ☐

47 L'aire du rectangle et du carré

Je découvre et je retiens

1 Quelle est l'aire du carré représenté ?

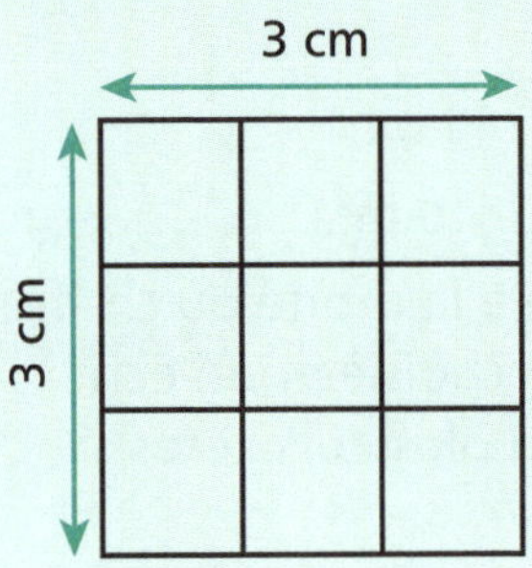

Aire = 3 (cm) × 3 (cm)

Aire = 9 cm²

▶ **Aire du carré**
= côté × côté
A = c × c

2 Quelle est l'aire du rectangle représenté ?

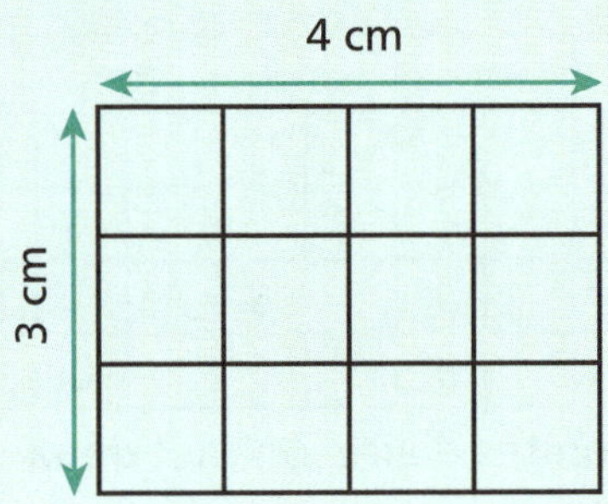

Aire = 4 (cm) × 3 (cm)

Aire = 12 cm²

▶ **Aire du rectangle**
= Longueur × largeur
A = L × l

Je m'entraîne

1 Calcule l'aire de chacune des parties en couleur.

1.

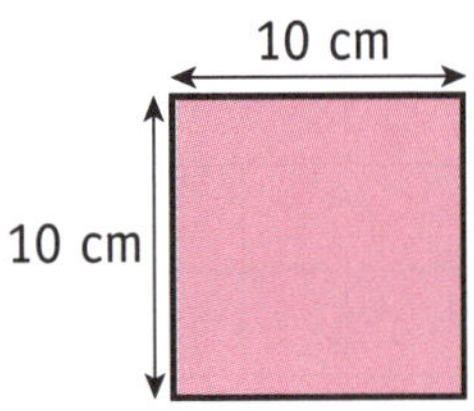

2.

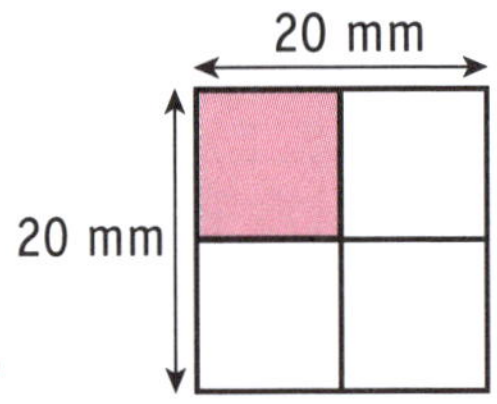

1. ....

2. ....

2 Calcule l'aire du rectangle.

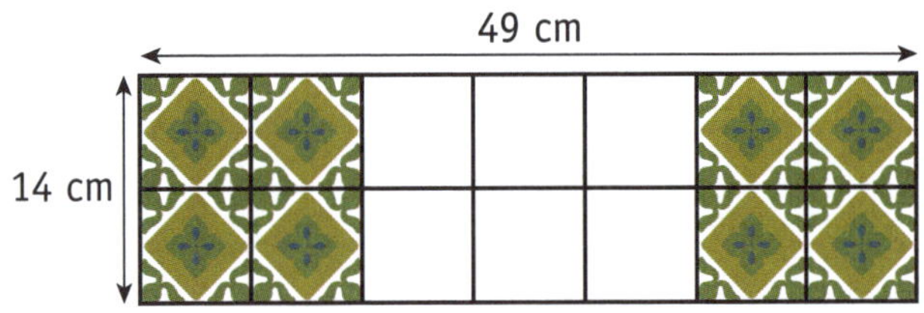

....

....

3 Calcule, en cm², l'aire des parties en couleur.

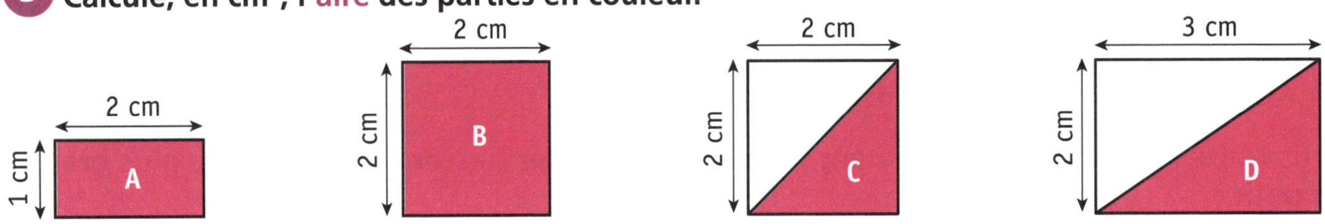

....

....

4 Voici le plan d'un terrain utilisé pour jouer à la balle au prisonnier.
Calcule l'aire du camp de chaque équipe ainsi que celle de chaque prison.
Combien mesure l'aire totale de jeu ?

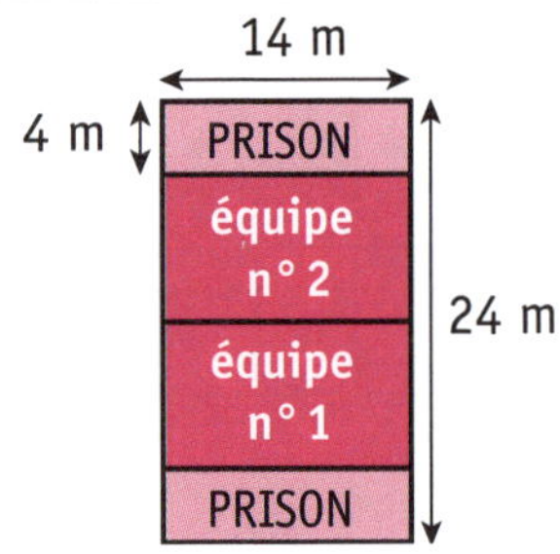

Opérations :

Phrases-réponses :

....

....

....

Très bien ☐ Assez bien ☐ Pas assez bien ☐

48 L'aire du triangle

Je découvre et je retiens

1 Quelle est l'aire du triangle rectangle ABC ?

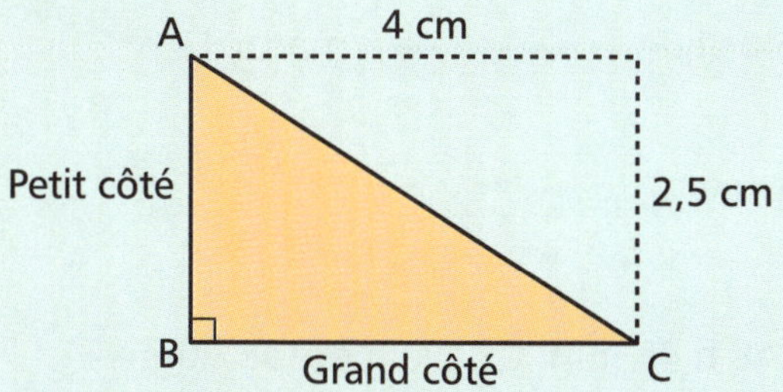

Un **triangle rectangle** est la **moitié** d'un **rectangle**.

(4 × 2,5) : 2 = 5 (cm²)

▶ **Aire du triangle rectangle =**
(Grand côté angle droit × petit côté) : 2.

2 Quelle est l'aire du triangle quelconque GHI ?

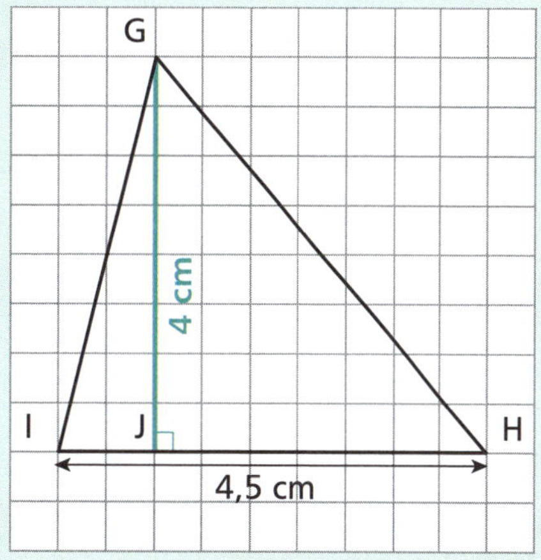

(4,5 × 4) : 2 = 9

↓ cm ↓ cm ↓ cm²

L'aire du triangle est égale à 9 cm².

GJ (la **hauteur** h) est perpendiculaire au côté IH (la **base** B).

▶ **Aire du triangle quelconque =** (B × h) : 2

Je m'entraîne

1 **Trace un triangle ABC rectangle en B tel que AB = 5 cm et BC = 3 cm puis calcule son aire.**

2a **Mesure la base EF et la hauteur DI puis calcule l'aire du triangle DEF.**

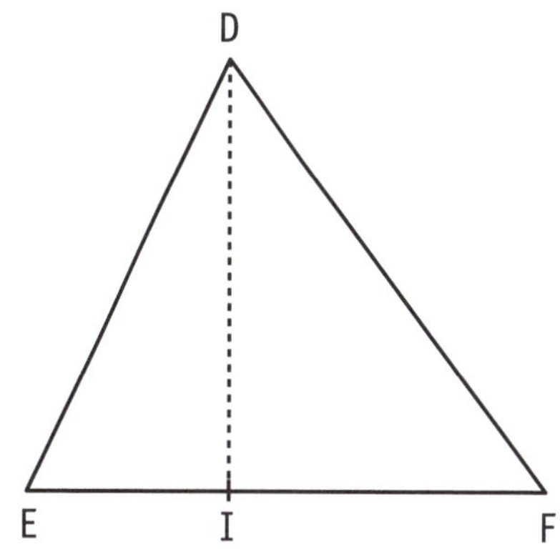

2b **Complète le tableau.**

Base	10 cm	12 m	6 dm
Hauteur	8 cm	18 m	7 dm
Aire	1. ______	2. ______	3. ______

Très bien ☐ Assez bien ☐ Pas assez bien ☐

49 Calculer une durée

Je découvre et je retiens

1 Quelle est la durée d'une croisière qui commence le jeudi à 20 h et se termine le mardi suivant à 12 h ?

Jeudi 20 h —(4 jours)→ lundi 20 h —(4 heures)→ lundi 24 h (ou mardi 0 h) —(12 heures)→ mardi 12 h

4 J + 4 h + 12 h = 4 J + 16 h. La croisière a duré 4 jours et 16 heures.

▶ **Rappel :** 1 semaine = 7 jours ; 1 jour = 24 heures.

2 Une course cycliste commence à 15 h 10 min et se termine à 18 h 45 min. Quelle a été sa durée ?

15 h 10 min —(50 min)→ 16 h —(2 h)→ 18 h —(45 min)→ 18 h 45 min

50 min + 2 h + 45 min = **2 h** 95 min ; 95 min = **60 min** + 35 min = **1 h** 35 min. Il s'est écoulé **3 h** 35 min.

▶ **Rappel :** 1 h = 60 min = 3 600 s ; 1 min = 60 s.

Je m'entraîne

1 Une mission spatiale a commencé le 16 juillet à 14 h et s'est terminée le 22 juillet à 3 h. **Quelle a été sa durée ?**

2a Clémentine et Julie ont regardé un DVD qui a débuté à 14 h 15 min et s'est terminé à 16 h 5 min. **Quelle a été la durée du spectacle ?**

2b Mehdi part à 13 h 20 min de chez lui pour se rendre chez son ami Sami. Il arrive à 14 h 35 min. **Combien de temps a duré le trajet ?**

3 Calcule la durée du trajet de chaque train.

Horaires des trains au départ de Laval et de Nantes, à destination de Paris Montparnasse.

Trains	Depuis	N° du train	Départ	Arrivée	Durée
A	Laval	TER 32767	19 h 16	21 h 15	
B	Laval	TGA 8095	20 h 12	23 h 25	
C	Laval	TGA 8780	20 h 41	23 h 44	
D	Nantes	TGD 8866	19 h 00	21 h 15	
E	Nantes	TGD 8894	20 h 45	23 h 10	

Quel est le train le plus rapide au départ de Laval ? ______ **au départ de Nantes ?** ______

Très bien ☐ Assez bien ☐ Pas assez bien ☐

50 Les unités métriques de volume

Je découvre et je retiens

1 Quelles sont les unités de volume ?

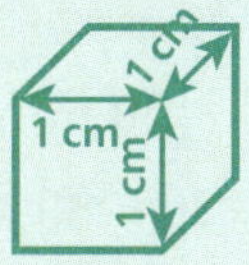

Ce cube mesure 1 cm d'arête. Il a un volume de 1 cm^3 (1 cm^3 se lit un centimètre cube).

► Les unités de volume utilisées sont le **m^3**, le **dm^3**, le **cm^3** et le **mm^3**.

Lorsque l'on construit le tableau des unités de volume, on met **trois colonnes par unité**.

2 Comment convertir 3,145 m^3 en dm^3 et 4 600 mm^3 en cm^3 ?

m^3			dm^3			cm^3			mm^3		
		3,	1	4	5						
		3	1	4	5						
								4	6	0	0
								4,	6	0	0

3,145 m^3 = 3 145 dm^3

4 600 mm^3 = 4,6 cm^3

► On place la **virgule** à la droite du chiffre qui représente l'unité choisie ; on écrit ou on supprime un ou plusieurs **zéros** si nécessaire.

Je m'entraîne

1a Indique le volume de chaque cube représenté.

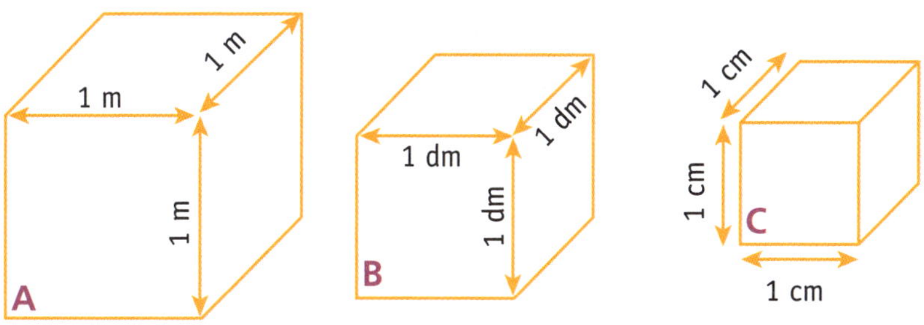

Le cube A a un volume de ....

Le cube B a un volume de ....

Le cube C a un volume de ....

1b Chaque petit cube a un volume de 1 cm^3. Observe les différents assemblages et complète le tableau.

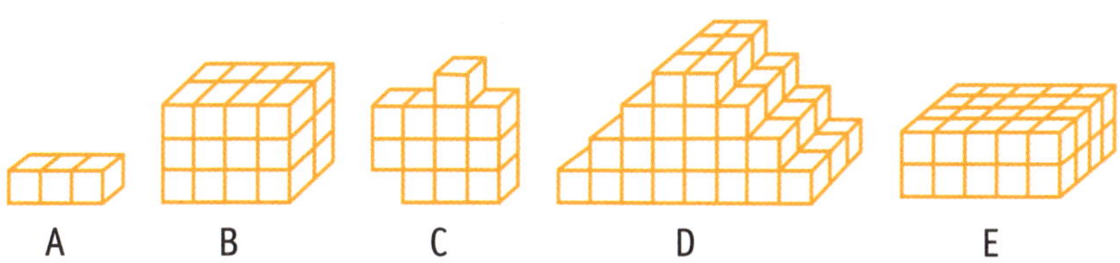

Assemblage	A	B	C	D	E
Nombre de cubes	3				
Volume en cm^3	3				

2 Utilise le tableau pour faire les conversions.

25,4 dm^3 = ... cm^3

2 714 dm^3 = ... m^3

291 mm^3 = ... cm^3

14,8 m^3 = ... dm^3

m^3			dm^3			cm^3			mm^3		

Très bien ☐ Assez bien ☐ Pas assez bien ☐

51 Le volume du pavé droit

Je découvre et je retiens

1 Quel est le volume de cette boîte en forme de pavé, remplie de cubes de 1 cm³ chacun ?

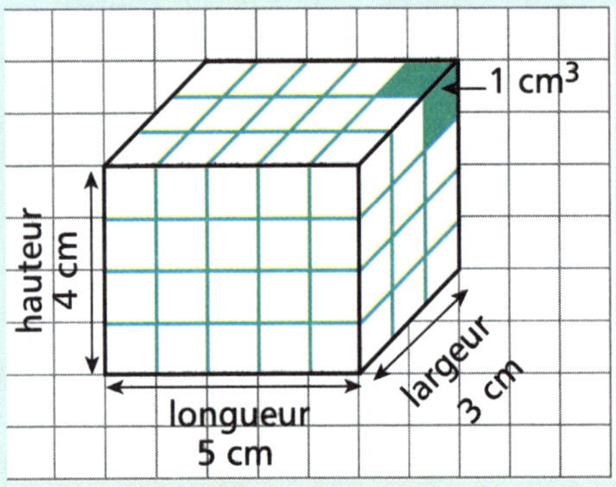

La base du pavé est un rectangle recouvert de (5×3) cubes de 1 cm³.

Ces cubes sont empilés sur 4 couches.

La boîte contient $(5 \times 3) \times 4 = 60$ cubes de 1 cm³ ; son volume est donc de 60 cm³.

► Le **volume** d'un **pavé** est égal au produit de sa longueur par sa largeur et par sa hauteur → **V pavé = L × l × h**

2 Quel est en mm³ le volume de ce pavé ?

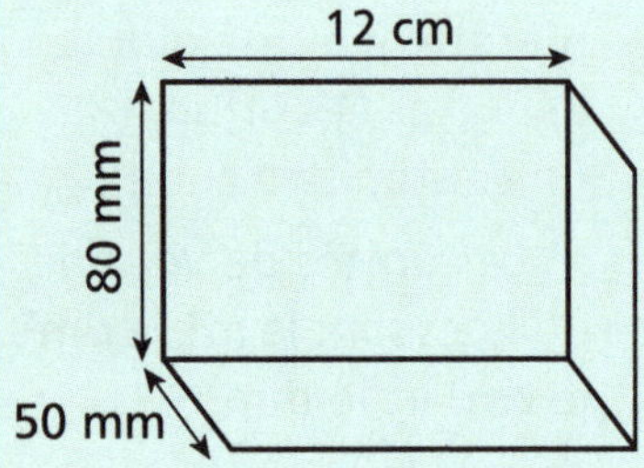

12 cm
= 120 mm

$120 \times 80 \times 50$
= 480 000

Ce pavé a un volume de 480 000 mm³

► Pour calculer le volume d'un pavé, toutes ses **dimensions** doivent être exprimées dans la **même unité**.

Je m'entraîne

1 Manon reçoit un colis dont les dimensions sont les suivantes : 80 cm de longueur, 60 cm de largeur et 35 cm de hauteur. **Quel est le volume du colis ?**

---

2 Exprime toutes les unités en cm, puis calcule, en cm³, le volume de chaque emballage.

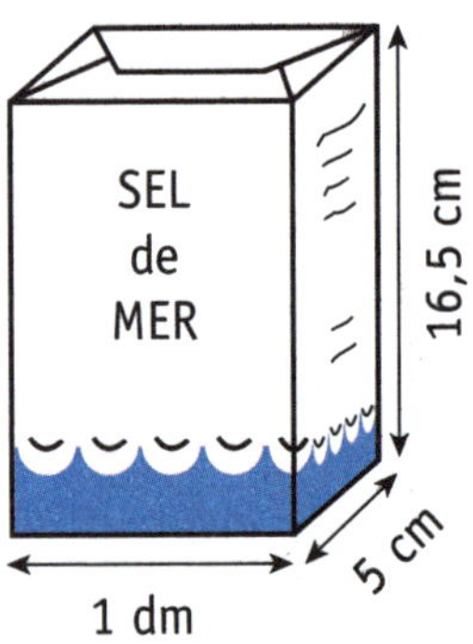

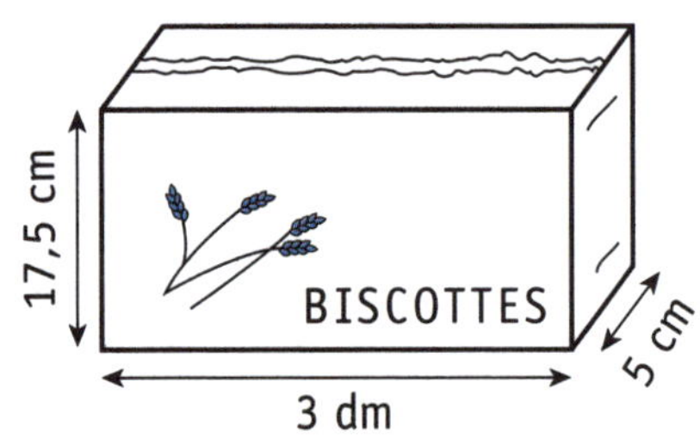

---

3 Un supermarché a reçu des paquets de riz entassés en 20 couches identiques sur une palette.
Le schéma représente la première couche.
Quel est en dm³ le volume occupé par tous les paquets ?

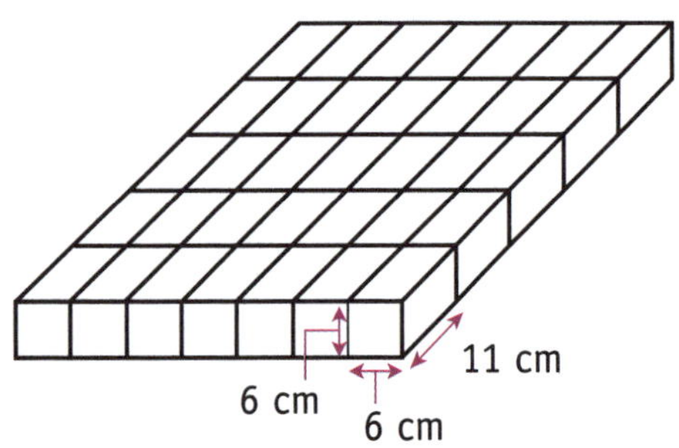

Très bien ☐ Assez bien ☐ Pas assez bien ☐

52 Problèmes sur les aires

Je découvre et je retiens

1 Quelle est l'aire d'un carré de 12 cm de côté ?

Aire du **carré** = c × c
12 × 12 = 144 ; l'aire du carré est égale à 144 cm².

▶ Pour calculer l'aire d'une figure, il faut utiliser la **formule** appropriée.

2 Quelle est, en cm², l'aire d'un rectangle de 120 mm de longueur et 7 cm de largeur ?

120 mm = 12 cm   12 × 7 = 84 (cm²) ; l'aire du rectangle est égale à 84 cm².

▶ Pour calculer une aire, tous les nombres doivent être exprimés dans la **même unité**.

Je m'entraîne

1 Margot fabrique un panneau en liège rectangulaire de 30 cm de long sur 20 cm de large sur lequel elle affiche 2 dessins qu'elle a réalisés : le dessin A est carré et mesure 14 cm de côté, le dessin B est un triangle quelconque dont la base mesure 20 cm et la hauteur 16 cm.
Calcule l'aire du panneau puis de chaque dessin.

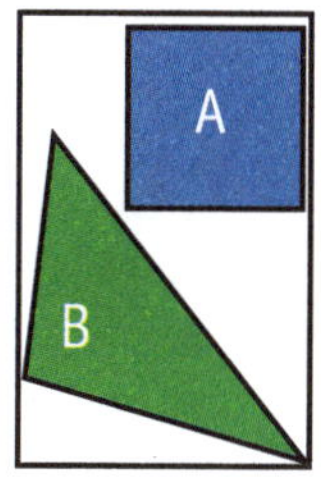

2 Clément découpe un rectangle de 158 mm de longueur sur 8,5 cm de largeur.
Quelle est l'aire du rectangle en cm² ?

3 Sur une feuille de format 21 cm × 29,7 cm, il faut laisser vierge :

- une marge à gauche de la feuille : 40 mm × 29,7 cm,
- une partie en haut de la feuille : 20 mm × 21 cm,
- une partie au bas de la feuille : 15 mm × 21 cm.

Quelle est la surface restante ?

Opérations :

Conversions :

Phrase-réponse :

Très bien ☐ Assez bien ☐ Pas assez bien ☐

53 Problèmes sur les volumes

Je découvre et je retiens

1 Quel est le volume d'un carton mesurant 45 cm de long, 30 cm de large et 60 cm de haut ?

$45 \times 30 \times 60 = 81\,000$; le volume du carton est de 81 000 cm³.

► Pour calculer le volume d'un solide, il faut utiliser la formule correspondante :
V **pavé** = L × l × h ; V **cube** : arête × arête × arête

2 Quel est, en m³, le volume d'eau contenu dans une piscine gonflable mesurant 2,50 m de long, 12 dm de large et 80 cm de profondeur ?

12 dm = 1,2 m ; 80 cm = 0,80 m ; $2{,}5 \times 1{,}2 \times 0{,}8 = 2{,}4$; le volume de la piscine est de 2,4 m³.

► Pour calculer un volume, tous les nombres doivent être exprimés dans la **même unité**.

Je m'entraîne

1 Une salle de classe mesure 6 m de large, 7,2 m de long et 2,7 m de haut.
Quel est le volume d'air contenu dans cette pièce ?

2 Quel est, en cm³, le volume de cette boîte ?

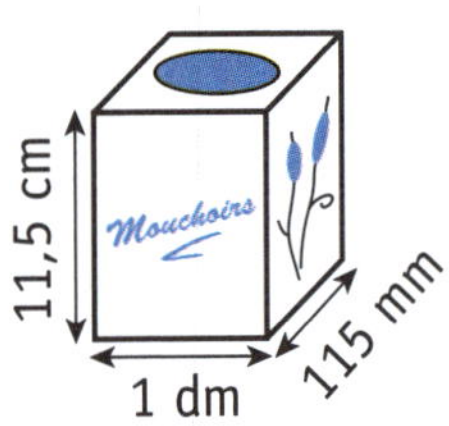

3 Les parents de Lucas veulent acheter un bac à sable.
Ils ont le choix entre 3 modèles :

- Modèle A : Longueur 1,60 m largeur 1,50 m hauteur 42 cm
- Modèle B : Longueur 170 cm largeur 100 cm hauteur 0,48 m
- Modèle C : Longueur 1,60 m largeur 1,20 m hauteur 50 cm

Ils décident d'acheter le bac à sable pouvant contenir le plus grand volume de sable.
Quel modèle vont-ils choisir ?

Conversions :

Opérations :

Phrase-réponse :

As-tu réussi tes exercices ?

Très bien ☐ **Assez bien** ☐ **Pas assez bien** ☐

54 Problèmes sur les durées

Je découvre et je retiens

1 Comment convertir 5 h 28 min en minutes et 2 h 18 min 31 s en secondes ?

5 h 28 min = (60 × 5) + 28 = 300 + 28 = 328 min

2 h 18 min 31 s = (3 600 × 2) + (60 × 18) + 31 = 7 200 + 1 080 + 31 = 8 311 s

▶ Pour convertir une durée dans une autre unité, il faut retenir que :
1 h = 60 min ; 1 min = 60 s ; 1 h = 60 × 60 = 3 600 s

**2 Léa a mis 9 min 57 s pour faire 4 tours de terrain et Justine a mis 581 s.
Qui a mis le moins de temps ?**

9 min 57 s = (60 × 9) + 57 = 540 + 57 = 597 s ; 581 < 597. C'est Justine qui a mis le moins de temps.

▶ Pour résoudre des problèmes de durée, il faut que tous les nombres soient exprimés dans la **même unité**.

Je m'entraîne

1a Au cours d'un voyage scolaire en car, 2 chauffeurs se sont relayés au volant. Le premier a conduit durant 3 h 58 min et le deuxième durant 261 min. **Quel est celui qui a conduit le plus longtemps ?**

1b Un jeu consiste, pour chaque joueur, à citer en 50 secondes le plus possible de noms d'animaux. Le jeu se déroule par équipe de 4 enfants. **Combien de temps, en minutes et en secondes, faut-il à chaque équipe pour faire ce jeu ?**

2a Des élèves de CM2 ont assisté à un spectacle de cirque. La durée totale du spectacle a été de 1 h 50 min. Le premier numéro a duré 35 min, le deuxième 30 min et il y a eu un entracte de 20 min. **Combien de temps, en minutes, a duré le troisième et dernier numéro ?**

2b Le vainqueur d'une étape du Tour de France a mis 4 h 15 min pour rallier les deux villes. Le 2e a mis 258 min. **Quel écart séparait les deux coureurs ?**

2c Zoé a mis 1 h 12 min pour réaliser la peinture d'un modèle. Pour faire ce même travail, Anouk a mis 3 642 s et Romain 79 min. **Qui a été le plus rapide ? le plus lent ?**

As-tu réussi tes exercices ?

Très bien ☐ Assez bien ☐ Pas assez bien ☐

55 Les grandeurs proportionnelles

Je découvre et je retiens

1 Le prix des billets est-il proportionnel au nombre de billets vendus ?

Nombre de billets vendus	1	2	3	10
Prix en €	2	4	6	20

: 2 ×2

On passe des nombres de la 1re à la 2e ligne en multipliant toujours par 2.

Le prix des billets est **proportionnel** au nombre des billets vendus.

2 Le prix des paquets de bonbons est-il proportionnel au nombre de paquets ?

Nombre de paquets de bonbons	Prix en €
2	6
4	10

$2 \times 3 = 6$; $4 \times 3 = 12$

Si tous les nombres étaient proportionnels entre eux, 4 paquets coûteraient 12 €.

Le prix des paquets de bonbons n'est **pas proportionnel** au nombre de paquets vendus.

Je m'entraîne

1 Pourquoi le prix est-il proportionnel au nombre de coffrets DVD ?

Nombre de coffrets DVD	2	5	6
Prix en €	80	200	240

2 Pourquoi la distance parcourue n'est-elle pas proportionnelle au temps réalisé ?

Distance en m	30	60	120
Temps en s	5	10	15

3 Organise les données de chaque situation dans un tableau et indique dans chaque cas s'il y a ou non proportionnalité. Justifie ta réponse.

1. Puzzles
- 500 pièces = 8,5 €
- 1 000 pièces = 17 €
- 1 500 pièces = 24,50 €

Nombre de pièces	Prix en €

2. Ingrédients • **Pour 8 personnes :** 360 g de farine, 20 g de levure, 100 g de sucre, 4 œufs.
• **Pour 4 personnes :** 180 g de farine, 10 g de levure, 50 g de sucre, 2 œufs.

Ingrédients	Farine (en g)	Levure (en g)	Sucre (en g)	Œufs
8 personnes				
4 personnes				

Très bien ☐ Assez bien ☐ Pas assez bien ☐

56 Résoudre un problème de proportionnalité

Je découvre et je retiens

1 Comment organiser les données d'un énoncé dans un tableau ?

Pour une consommation d'eau de 60 m³, la facture s'élève à 120 €.
Quel serait le montant de la facture pour une consommation de 90 m³ ?

Consommation d'eau (en m³)	60	90
Montant de la facture (en €)	120	

×2

2 Comment résoudre ce problème ?

Pour passer de 60 à 120, il faut multiplier par 2.
$90 \times 2 = 180$. Pour une consommation de 90 m³, le montant de la facture serait de 180 €.

Je m'entraîne

1 Pour faire un gâteau pour 6 personnes, il faut les ingrédients suivants :

120 g de sucre
2 œufs
180 g de farine
60 g de beurre

Ingrédients				
6 personnes				
3 personnes				
9 personnes				

Reporte ces données dans le tableau.

2 **Utilise le tableau ci-dessus pour calculer les quantités nécessaires pour un gâteau pour 3 personnes puis pour 9 personnes.**

3 Une machine à laver consomme 500 L d'eau pour faire 10 lessives. 1. **Quelle quantité d'eau consomme-t-elle pour faire 5 lessives ?** 2. **Combien de lessives effectue-t-elle lorsqu'elle consomme 100 L ?**

Construis un tableau :

Opérations :

Phrases-réponses :

Très bien ☐ Assez bien ☐ Pas assez bien ☐

57 La règle de trois

Je découvre et je retiens

1 Pour faire un potage, il faut 240 g de lentilles pour 4 personnes. **Quelle serait la quantité de lentilles nécessaire pour 9 personnes ?**

On cherche d'abord la quantité nécessaire pour 1 personne.

(: 4)

Nombre de personnes	4	1
Poids de lentilles en g	240	**60**

Puis on cherche la quantité nécessaire pour 9 personnes.

(: 4) (× 9)

Nombre de personnes	4	1	9
Poids de lentilles en g	240	**60**	**540**

2 Les deux opérations précédentes 240 : 4 = 60 puis 60 × 9 = 540 peuvent s'écrire de la manière suivante :

(240 : 4) × 9 ou $\frac{240 \times 9}{4}$

► La **règle de trois** permet de résoudre une situation de **proportionnalité**.

Je m'entraîne

1a **Trouve les quantités pour faire la pâte à crêpes lorsqu'on utilise 1 œuf.**

Pâte à crêpes
0,6 L de lait
3 œufs
240 g de farine
1,5 cuillerée d'huile

Pâte à crêpes
1 œuf

1b **Trouve les quantités lorsqu'on utilise 0,4 L de lait. Aide-toi du tableau précédent.**

Pâte à crêpes
0,4 L de lait

2 Il faut 5 kg de fraises et 6 kg de sucre pour faire de la confiture.
Quelle serait la quantité de sucre nécessaire si l'on utilisait 8 kg de fraises ?

Complète le tableau et écris les opérateurs.

Écris la règle de trois correspondant aux calculs ci-dessus.

Fraises en kg	5	1	8
Sucre en kg	6		

3 Une automobile a consommé 21 L d'essence pour parcourir 300 km.
Quelle serait sa consommation pour un parcours de 500 km ?

Très bien ☐ Assez bien ☐ Pas assez bien ☐

58 Les pourcentages

Je découvre et je retiens

1 Une réduction de 30 % est appliquée sur un portique qui valait 400 €. Quel est le montant de la réduction ? **Comment organiser les données de cet énoncé dans un tableau ?**

Une réduction de 30 % (30 pour 100) signifie que pour un montant de 100 €, la réduction est de 30 €.

Prix du portique en €	Réduction en €
100	30
400	

×4

2 Pour un achat de 400 €, la réduction sera 4 fois plus grande. L'opérateur qui fait passer de 100 à 400 est × 4 ; 30 × 4 = 120 ; le montant de la réduction est 120 €.

▶ On trouve le résultat à la question à l'aide d'un **opérateur**.

Je m'entraîne

1 Un VTT valait 90 €. Le vendeur accorde une remise de 20 %. **Organise ces données dans le tableau.**

Prix du VTT	Remise en €

2a **Utilise le tableau de l'exercice précédent pour calculer le montant de la remise. Cherche d'abord l'opérateur qui fait passer de 100 à 20.**

2b Pour liquider son stock, un magasin fait 10 % de réduction sur tous les articles.
Écris les nouveaux prix.

Le vrai jean brut	~~40 €~~	36 €
Le vrai jean semi-délavé	~~20 €~~	
Le vrai jean velours	~~50 €~~	
Pantalon toile hiver pinces	~~60 €~~	

3 Sur une boîte de gâteau pesant 200 g, on peut lire : farine 45 %. **Quelle est, en grammes, la quantité de farine contenue dans ce gâteau ?**

Très bien ☐ Assez bien ☐ Pas assez bien ☐

59 Les échelles

Je découvre et je retiens

1 Sur une carte au 1/250 000, le trajet entre Lyon et Clermont-Ferrand mesure 53 cm.
Quelle est la distance réelle entre ces deux villes ?

× 53

Distance sur la carte en cm	1	53
Distance réelle en cm	250 000	13 250 000

× 250 000

53 (cm) × 250 000 = 13 250 000 (cm)
13 250 000 cm = 132,5 km
La distance réelle est 132,5 km.

► **Distance réelle = longueur sur le plan** multipliée par le **dénominateur** de l'**échelle**.

2 Quelle est en millimètres la longueur de la maquette au 1/50 représentant une automobile de 4,80 m de long ?

4,80 m = 4 800 mm ; 4 800 : 50 = 96 ; la maquette mesure 96 mm ou 9,6 cm.

► **Longueur sur le plan = longueur réelle** divisée par le **dénominateur** de l'**échelle**.

Je m'entraîne

1a Sur un plan au 1/5 000, la mairie et la poste sont distantes de 15 cm. **Quelle distance réelle en mètres sépare ces deux bâtiments ?**

1b Mesure la distance entre les points A et B sur cette carte au 1/25 000 puis calcule la distance réelle qui les sépare.

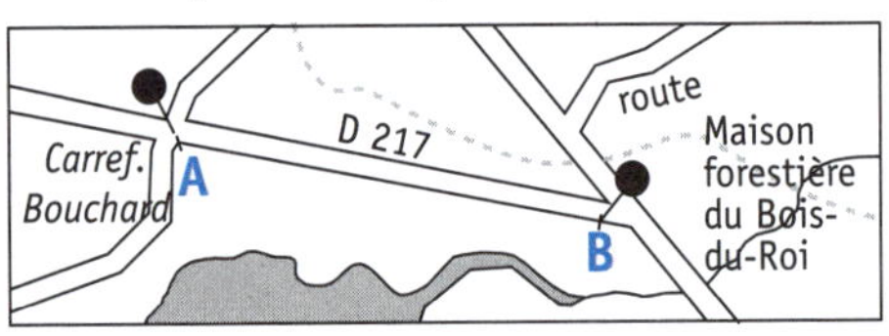

2 Quelle longueur, en cm, représente une distance réelle de 2 km sur une carte au 1/100 000 ?

3 Voici le plan d'une chambre qui mesure 3 m de large.
À quelle échelle ce plan est-il réalisé ?
Complète le tableau de proportionnalité et calcule l'opérateur.

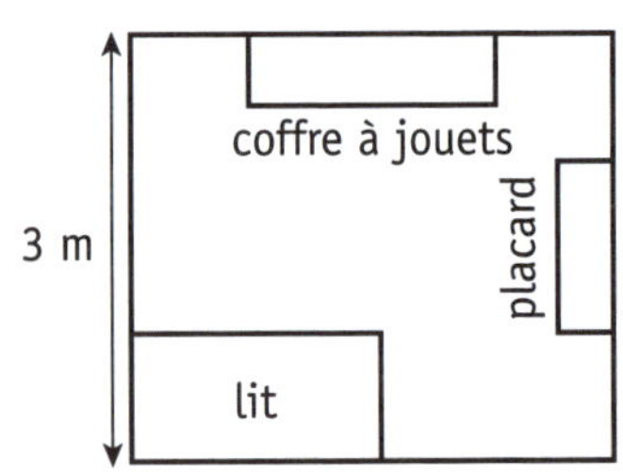

Largeur sur le plan en cm	3	1
Largeur réelle en cm		

Le plan est à l'échelle : ——

Très bien ☐ Assez bien ☐ Pas assez bien ☐

60 Les vitesses

Je découvre et je retiens

1 Un cycliste a parcouru 180 km en roulant pendant 5 h. Quelle a été sa vitesse moyenne ?

Distance parcourue en km	180	**36**
Durée en minutes	300	60

(: 5)

La vitesse est la distance parcourue en 1 h ou 60 min.
5 h = 60 (min) × 5 = 300 (min). L'opérateur qui permet de passer de 300 à 60 est : 5 ; 180 : 5 = **36**

Le cycliste a parcouru 36 km en 60 min, soit **36 km/h**.

2 Comment calculer cette vitesse en faisant une règle de trois ?

La distance parcourue en 1 min est (180 : 300) = 0,6 km et en 60 min, 0,6 km × 60 = 36 km, que l'on peut écrire :

$$\frac{180 \times 60}{300} = \mathbf{36}$$

Le cycliste a parcouru 36 km en 60 min soit 36 km/h.

Je m'entraîne

1 Un avion a parcouru 2 720 km en 4 h.
Quelle a été sa vitesse moyenne ?
Établis un tableau de proportionnalité.

2 Résous les problèmes soit en établissant un tableau de proportionnalité, soit en faisant une règle de trois.

1. Un train effectue un trajet de 420 km en 3 h 30 min. À quelle vitesse moyenne roule-t-il ?

2. Un nageur a parcouru 50 m en 1 min. Quelle a été sa vitesse moyenne ?

Très bien ☐ Assez bien ☐ Pas assez bien ☐

Illustrations : Cyrielle (couverture et pictos enfants) et Aurélie Abolivier (intérieur)

Composition : Nord Compo
Édition : Anne-Sophie Darlet

N° d'ISSN : 2265-1055

Achevé d'imprimer en novembre 2014 en Italie par «La Tipografica Varese Srl»
Dépôt légal : Décembre 2014 – N° éditeur : 2014-0994